Frauen in der IT – Erfolgsfaktoren für Studium und Beruf

Gerlinde Schreiber (Hrsg.)

Frauen in der IT – Erfolgsfaktoren für Studium und Beruf

Tagungsband zum 25-jährigen Bestehen des Internationalen Frauenstudiengangs Informatik (IFI) an der Hochschule Bremen

PETER LANG

Berlin · Bruxelles · Chennai · Lausanne · New York · Oxford

Bibliografische Information der Deutschen Nationalbibliothek
Die Deutsche Nationalbibliothek verzeichnet diese Publikation in der Deutschen Nationalbibliografie; detaillierte bibliografische Daten sind im Internet über http://dnb.d-nb.de abrufbar.

Diese Publikation wurde durch die Staats- und Universitätsbibliothek Bremen und die Wolfgang Ritter Stiftung Bremen gefördert.

ISBN 978-3-631-92778-6 (Print)
E-ISBN 978-3-631-92785-4 (E-PDF)
E-ISBN 978-3-631-92786-1 (E-PUB)
DOI 10.3726/b22425

Verlegt durch Peter Lang GmbH, Berlin (Germany)

info@peterlang.com

PETER LANG
open

Diese Publikation wurde begutachtet.

www.peterlang.com

Gliederung

Vorwort zu „Frauen in der IT – Nachhaltige Erfolgsfaktoren für Studium und Beruf"

Monoedukative, also geschlechtergetrennte Bildungsangebote sind in Deutschland Gegenstand kontroverser Diskussionen. Monoedukation erscheint vielen als altmodisch, unangemessen und aus der Zeit gefallen – jetzt, da doch auf allen beruflichen Wegen rein formal keine geschlechtsbezogenen Einschränkungen bei der Berufs- und Studienwahl mehr bestehen. Trotzdem zeigen sich kontinuierlich deutliche geschlechterbezogene Unterschiede in der Studien- und Berufswahl und im Erwerbsverbleib: Der Frauenanteil in IT-bezogenen Studiengängen stagniert bei etwa 20 %, der Frauenanteil der IT-Expertinnen auf dem Arbeitsmarkt liegt noch darunter. Bisher fehlten Daten und Zahlen zum langfristigen Effekt geschlechtergetrennter Bildungsangebote, so dass eher auf Basis von Meinungen und Überzeugungen statt faktenorientiert diskutiert wurde. Diese Ausgangslage hat sich nun verändert, wie der vorliegende Tagungsband in verschiedenen Beiträgen darlegt.

In Deutschland gibt es eine Fülle von Einstiegsangeboten gerade in technische Disziplinen, die sich nur an Mädchen und junge Frauen richten und die den schulischen Bereich ebenso wie Zukunftstage oder den *girls' day* betreffen. Darüber hinaus bestehen in Deutschland drei Frauenstudiengänge mit technischer Ausrichtung an Fachhochschulen. Der älteste dieser Studiengänge ist der Internationale Frauenstudiengang Informatik (IFI) an der Hochschule Bremen, der im Jahr 2000 als monoedukatives Studienangebot in Angewandter Informatik eingerichtet wurde. Aus dem IFI-Studiengang sind seit etwa 20 Jahren Absolventinnen hervorgegangen, die inzwischen über eine zum Teil langjährige Berufserfahrung in der IT verfügen. Durch eine Verbleibstudie unter den IFI-Absolventinnen liegen erstmals verlässliche Daten vor, die eine datenbasierte Analyse des Effekts von Geschlechtertrennung auf den Erwerbsverlauf in der IT ermöglichen. Ein wichtiger Baustein, um die Diskussion um Monoedukation zu versachlichen!

Der vorliegende Band führt die Ergebnisse der Fachtagung „Frauen in der IT – Nachhaltige Erfolgsfaktoren für Studium und Beruf" an der Hochschule Bremen zusammen. Der Band hat das Ziel, die aktuellen Erkenntnisse vorzustellen, wie Mädchen und junge Frauen dauerhaft für den technischen Bereich gewonnen werden können. Im ersten Beitrag stellt Gerlinde Schreiber als langjährige Studiengangsleiterin das Konzept und die Entwicklung des IFI-Studiengangs über die vergangenen knapp 25 Jahre vor. Der Studiengang ist in der Fakultät „Elektrotechnik und Informatik" der HS Bremen verortet und bietet dort einen Bachelorstudiengang der Angewandten Informatik. Er ist der einzige Studiengang mit diesem inhaltlichen Profil. Der Studiengang ist international, d.h. die Studentinnen gehen verpflichtend für ein Semester ins Ausland. Dafür gibt es inzwischen knapp 300 Partnerschaftsverträge mit ausländischen Hochschulen, ein unterstützendes International Office und eine bestens etablierte Struktur zur Finanzierung und Anerkennung des Auslandsaufenthalts. Das Studium ist monoedukativ über die gesamte Dauer von 7 Semestern, allerdings mit einem koedukativen Wahlpflichtangebot (aus einem gemeinsamen Pool mit den anderen Informatikstudiengängen) ab dem 4. Semester. Der Studienalltag erfolgt team- und dialogorientiert, in kleinen gut betreuten Arbeitsgruppen, mit enger Anbindung an die berufliche Praxis. Durch diese Merkmale erhält der Studiengang sein besonderes Profil, das die Entscheidung der Studentinnen für dieses Studienangebot wesentlich beeinflusst. Welche Faktoren bei der Studienwahlentscheidung und -zufriedenheit welche Bedeutung haben, klärt der erste Teil der Verbleibstudie zu den Wegen ins Studium. Einleitend stellt Lore Funk vom Kompetenzzentrum Technik – Diversity – Chancengleichheit die Methodik der Studie vor. Diese setzt sich aus drei unterschiedlichen Komponenten zusammen: Erstens einer einleitenden Gesprächsrunde mit einer kleinen Anzahl von Absolventinnen, die anhand eines Gesprächsleitfadens ihre Studienwahlentscheidung, den Verlauf des Studiums und dessen Bewertung im Rückblick aus der Perspektive ihrer mehrjährigen Berufspraxis diskutieren, zweitens einer quantitativen Analyse an Hand eines Fragebogens unter den bisherigen Absolventinnen des IFI-Studiengangs und drittens einer Reihe von Gesprächen mit den beliebtesten fünf Arbeitgebern der IFI-Absolventinnen zu ihrer Einschätzung der Qualifikation und der Möglichkeiten von weiblichen IT-Fachkräften in ihrem jeweiligen Unternehmen. Diese drei Komponenten der Studie werden in den Beiträgen „Wege ins Studium", „Der Blick zurück: Studienerfahrungen von IFI-Absolventinnen" und „‚Meine Kollegen respektieren mich und die Arbeit, die ich leiste' – IFI-Absolventinnen im Beruf" aufgegriffen. Die drei Beiträge basieren auf den aussagekräftigen Absolventinnenzahlen des IFI-Studiengangs und setzen die Befragungsergebnisse in Beziehung zu den Erkenntnissen, die zu koedukativ studierten IT-Fachfrauen vorliegen. Hervorzuheben ist die hohe Zufriedenheit der IFI-Absolventinnen mit ihrem Studium und mit ihrem Berufsfeld in der IT, die deutlich höher liegt als bei koedukativ studierten ITlerinnen. Insbesondere würden die IFI-Absolventinnen sich zu einem hohen Grad wieder für ihren Beruf entscheiden. Es zeigt sich, dass sie eine nachhaltige Verortung in der IT erlangt haben, in der sie sich dauerhaft erfolgreich positionieren – was zu einem wesentlich geringeren Grad für andere ITlerinnen gilt, die überproportional oft ihr Berufsfeld verlassen.

Im Anschluss an diese Ergebnisse der IFI-Verbleibstudie fokussieren die beiden Beiträge der anderen deutschen Frauenstudiengängen andere Schwerpunkte. Sara Nill und Juliane Siegeris vom Frauenstudiengang „Informatik und Wirtschaft" der HTW Berlin konzentrieren sich auf neue Wege zur Gewinnung von studieninteressierten jungen Frauen. Insbesondere stellen sie dabei den Podcast „Female Techtalk" vor, der bereits in der vierten Staffel ist und in dem zwei Studentinnen des Frauenstudiengangs mit wechselnden Gästen spannende Themen rund um die Informatik diskutieren. Kristina Lampe und Denise Sarholz vom Frauenstudiengang Maschinen der Hochschule Ruhr West (Mülheim) adressieren die Überlegungen bei der Neueinrichtung eines Frauenstudiengangs in einem MINT-Fach und zeigen auf, welche Fragestellungen in Mülheim dabei besonders in den Mittelpunkt gerückt werden.

Neben den Hochschulen spielen bei der erfolgreichen Gewinnung von jungen Frauen für den MINT-Bereich die Schulen eine herausgehobene Rolle. Fritz Hasselhorn stellt hier die Erfahrungen aus den Informatikkursen des Gymnasiums Sulingen vor und thematisiert dabei organisatorische und inhaltliche Fragen ebenso wie didaktische Vorgehensweisen und den Effekt auf die anschließende Studienwahl. Auch hier zeigt sich ein deutlicher

Einfluss von monoedukativen Elementen im Unterricht, der nicht nur die Entscheidung für ein Abiturfach Informatik bei Schülerinnen positiv beeinflusst, sondern sich auch weiterhin signifikant positiv auf eine Studien- und Berufswahl im MINT-Bereich auswirkt.

Als hochschulisches Gegenstück zu den schulischen Arbeiten stellt Kristina Seifert in ihrem Beitrag Schule@HSB die Maßnahmen an der Hochschule Bremen zur Gewinnung von mehr aussichtsreichen Studierenden (nicht nur im MINT-Bereich) vor.

Der abschließende Beitrag „Mehr Frauen in Digitalisierung und IT – womit erzielen wir Wirkung?“ von Barbara Schwarze kehrt mit einem großen Überblick zum Ziel des Bandes zurück, die aktuellen Erkenntnisse vorzustellen, wie Mädchen und junge Frauen dauerhaft für den technischen Bereich gewonnen werden können. Hierzu liegt eine Fülle von Studien und Erhebungen vor, die in diesem Beitrag dargestellt, eingeordnet und zu Handlungsempfehlungen kondensiert werden. Das Fazit liefert Empfehlungen zur Studien- und Berufsgestaltung, die Frauen nachhaltig Raum für Zugehörigkeit, Wirkungsmöglichkeit und Erfolg in der IT geben.

Zu danken ist der Staats- und Universitätsbibliothek Bremen und der Wolfgang-Ritter-Stiftung Bremen, die das Erscheinen dieses Tagungsbandes wesentlich gefördert haben.

Bremen, im Januar 2025 Gerlinde Schreiber

Foreword to "Women in IT—Sustainable Success Factors for Studying and Working"

Mono-educational, that is, gender-segregated educational study programs are subject of controversial discussions (not only) in Germany. For many, single-sex education seems old-fashioned, inappropriate, and out of date—now that there are no longer any formal gender-related restrictions on career and study choices. Nevertheless, there are still clear gender-related differences in the choice of studies and career and in employment: the proportion of women in IT-related degree courses is stagnating at around 20 percent, while the proportion of female IT experts on the labor market is even lower. Until now, there has been a lack of data on the long-term effect of gender-segregation, meaning that discussions have tended to be based on opinions and beliefs rather than facts. This situation has now changed, as this conference volume shows in various contributions.

In Germany, there is a number of entry-level programs, especially in technical disciplines, which are aimed exclusively at girls and young women and which concern the school sector as well as so-called future days or the girls' day. In addition, there are three women's degree courses with a technical focus at German universities of applied sciences. The oldest of these courses is the International Women's Degree Program in Computer Science (IFI) at the Bremen University of Applied Sciences, which was established in the year 2000. For around 20 years, the IFI program has produced female graduates, some of whom now have many years of professional experience in IT. For the first time, a retention study among IFI graduates has provided reliable data that enable a data-based analysis of the effect of gender segregation on career progression in IT. An important contribution to objectify the discussion about single-sex education!

This volume brings together the results of the symposium "Women in IT—Sustainable Success Factors for Studying and Working" at the Bremen University of Applied Sciences. The aim of the volume is to present the latest findings on how girls and young women can be won to the technical field with a long-term perspective. In the first article, Gerlinde Schreiber, who has been head of the IFI program for many years, presents the concept and development of the study program over the past 25 years. The IFI program is part of the Faculty of Electrical Engineering and Computer Science at Bremen University of Applied Sciences. The program offers a Bachelor's degree in Applied Computer Science. It is the only course with this content profile. The course is international, that is, the students have to go abroad for a semester. There are now about 300 partnership agreements with foreign universities, a supportive International Office and a well-established structure for financing and recognizing stays abroad. The IFI course is mono-educative over the entire duration of seven semesters, but with co-educative compulsory electives (out of a pool with the other computer science courses) from the fourth semester onwards. Everyday study is team- and dialog-oriented, in small, well-supervised working groups with close links to professional practice. These factors give the IFI course its special profile and have significant influence on the decision of young female students for this study program. The first part of the retention study on the pathways to university clarifies which factors are the most important for the students' decision. Lore Funk from the Competence Center Technology—Diversity—Equal Opportunities introduces the methodology of the retention study. This is made up of three different components: firstly, an introductory round table with a small number of IFI graduates to discuss their decision to study at IFI and its evaluation in the retrospect from their perspective of several years of professional practice; secondly, a quantitative analysis based on a questionnaire; and thirdly, a series of interviews with the five most popular employers of IFI graduates on their assessment of the qualification and opportunities of female IT experts in their companies. These three components of the retention study are presented in the articles "Paths into studies," "Looking back: study experiences of IFI graduates," and "'My colleagues respect me and the work I do'—IFI graduates in the workplace." The three articles are based on the substantial data provided by the IFI graduates and relate the results to the findings on female IT specialists from co-ed programs. IFI graduates reach a high level of satisfaction with their studies and with their professional field and position in IT—significantly higher than that of female IT graduates from a coeducational setting. In particular, the IFI graduates would opt for their profession again to a high degree. This shows the sustainable effect of the single-sex approach: IFI graduates not only reach satisfying positions but also feel comfortable in their job for years. This evidence applies to a much lesser extent to other female IT graduates who leave their professional field disproportionally often.

Following on from these results of the IFI retention study, the two contributions from the other German women's degree programs focus on other topics. Sara Nill and Juliane Siegeris from the women's degree program "Computer Science and Business" at HTW Berlin concentrate on new ways for attracting young women. In particular, they present the podcast "Female TechTalk," which is already in its fourth season. In the podcast two students from the women's program discuss exciting topics related to computer science with varying guests. Kristina Lampe and Denise Sarholz from the women's degree program in Mechanical Engineering at Ruhr West University of Applied Sciences address the considerations involved in setting up a new single-sex study program. They explain which issues they decided to emphasize in the new study program.

In addition to universities, schools play a key role in successfully attracting young women to the STEM field. Fritz Hasselhorn presents his experiences from the computer science courses at Sulingen grammar school. He discusses organizational and content-related issues as well as didactic approaches and their effect on the subsequent choice of study. Here, too, there is a clear influence of single-sex elements in class. They do not only have a positive influence on female pupils' decision to choose computer science as an A-level subject at school. Moreover, these female pupils decide to an unusually high percentage for a STEM discipline at university.

As a university counterpart to the school-based work, Kristina Seifert presents in her contribution Schule@HSB the measures taken in Bremen to attract more promising students to (not only) the STEM field.

The concluding article "More women in digitalization and IT—how can we make an impact?" by Barbara Schwarze returns to the aim of the volume with a broad overview of the current findings. A wealth of studies and surveys are available for this purpose, which are presented, classified, and condensed into recommendations for universities and employers in this article. The conclusion ends with recommendations on how to give women sustainably room for belonging, impact, and success in IT.

Entstehung und Entwicklung des Internationalen Frauenstudiengangs Informatik (IFI) an der Hochschule Bremen

Gerlinde Schreiber
Hochschule Bremen
gerlinde.schreiber@hs-bremen.de

Der Internationale Frauenstudiengang Informatik (IFI) wurde im Jahr 2000 an der Hochschule Bremen als monoedukativer Informatikstudiengang (HSB_IFI 2024) eingerichtet. Er besteht aktuell seit knapp 25 Jahren und ist damit der älteste Frauenstudiengang im MINT-Bereich in Deutschland.

Welche Motive führten im Jahr 2000 zur Gründung von IFI? Wie ist der Studiengang inhaltlich und organisatorisch gestaltet? Was macht seine Besonderheit aus? Auf diese Fragen geht der vorliegende Beitrag ein und verdeutlicht das Konzept, die Entwicklung und die aktuellen Profilmerkmale des IFI-Studiengangs in fachlicher und außerfachlicher Sicht.

THE INTERNATIONAL WOMEN'S DEGREE PROGRAM IN COMPUTER SCIENCE AT HOCHSCHULE BREMEN

SUMMARY

The International Women's Degree Program in Computer Science (IFI) has been in existence since the year 2000 as a single-sex computer science degree program at the Bremen University of Applied Sciences, Germany. IFI was established to attract and retain more young women in IT. Between 2005 and 2015, more than 200 young women successfully completed their studies at IFI and have since gained several years of professional experience.

The IFI program focuses on software engineering and software development in various application contexts. IFI has deliberately not been conceived as a single sex variant of another computer science program at the Bremen University of Applied Sciences but follows a series of profile elements that make the program unique.

In addition to focusing on applied computer science, IFI implements the following principles in its degree programs: close contact with practice (through lecturers from IT companies, through projects and internships, through a dual study option), international orientation (through a compulsory semester abroad, students and lecturers from international partner universities), and teaching in small team-oriented groups. The degree program places great value on successful cooperation: questions and discussions are expressly encouraged in the courses, lecturers are directly approachable, networking between the year groups is strengthened through joint events (exchanges on the stay abroad and on experiences from the internship). In particular, the degree program signals to each individual student that they are welcome with their skills and interests and that their success in computer science is a shared concern.

Leitideen

IFI wurde zunächst als Modellprojekt von Bund und Land Bremen für die Laufzeit 2000 – 2005 eingerichtet und ging nach erfolgreicher Evaluierung im Jahr 2005 in den Regelbetrieb über. Hintergrund bei der Gründung war der wachsende Bedarf auch in der Bremischen IT-Wirtschaft, in der junge hoch qualifizierte IT-Fachleute zum unmittelbaren Einstieg in die Praxis gefragt waren. Gleichzeitig ging der Frauenanteil im Informatikstudium kontinuierlich zurück. In den 70er-Jahren – also der Gründungsphase der Informatik als Studienfach in Deutschland - lag der Frauenanteil im Informatikstudium bei knapp 20%. Zu dieser Zeit hatte die Informatik noch kein festgelegtes Image, sondern galt als neue spannende Fachrichtung mit Bezug zur Mathematik. Bis zur Jahrtausendwende hat sich das Bild der Informatik verändert und verfestigt: Das Image als Fach für latent nerdige junge Männer mit Interesse an guten Verdienstmöglichkeiten war etabliert. Der Frauenanteil im Informatikstudium sank zu dieser Zeit auf etwa 12% (Kompetenzzentrum2024). In diesem Umfeld wurde IFI eingerichtet, um gezielt mehr junge Frauen für die IT zu gewinnen, sie durch ein praxisorientiertes Studium an einer Fachhochschule (der Hochschule Bremen) gut für den Berufseinstieg zu qualifizieren und sie gleichzeitig in die Lage zu versetzen, an den fachlichen Entwicklungen der Informatik im weiteren Berufsleben auch auf internationaler Ebene aktiv und gestaltend teilzuhaben. Damit war die inhaltliche Orientierung von IFI entlang folgender Leitgedanken vorgegeben:

1. IFI setzt ein Studienangebot der Angewandten Informatik um, das ein verpflichtendes Auslandssemester umfasst.
2. IFI betont die Praxisorientierung des Studiums.
3. IFI bereitet die Studentinnen auf ihre herausgehobene Rolle am Arbeitsplatz vor, wo sie zu den wenigen Fachfrauen gehören werden, denen in dieser Eigenschaft besondere Aufmerksamkeit sicher sein kann (ob erwünscht oder nicht).

Die Leitgedanken beinhalteten auch die Entscheidung, IFI nicht als Ergänzung oder Variante eines curricular identischen koedukativen Informatikstudiengangs einzurichten. IFI ist ein eigenständiger Studiengang mit einer Reihe von Profilelementen, die in ihrer Gesamtheit ausgewählt wurden, um junge Frauen gezielt und langfristig für die Informatik zu gewinnen.

Zu 1. Angewandte Informatik

Informatik ist keine Disziplin, die sich selbst genügt. Vielmehr lebt Informatik aus ihren vielfältigen Anwendungen. IFI greift aus der Fülle der Anwendungsgebiete der Informatik nicht etwa ein spezifisches Feld heraus (wie beispielsweise Wirtschaftsinformatik, Medieninformatik, Medizininformatik), sondern bietet das Handwerkszeug, das in einer Breite von Anwendungen benötigt wird. Diese Breite der Anwendungsmöglichkeiten wird im Studium in wechselnden Angeboten im Wahlpflichtbereich stets aktuell vorgestellt. Dadurch erhält der Studiengang die Flexibilität, auf neue Entwicklungen im IT-Bereich zügig zu reagieren und diese über das wechselnde Wahlpflichtangebot ins Curriculum zu integrieren.

Informatik ist ein internationales Fach, das in Forschung und Entwicklung von internationalen Kontakten und Kooperationen lebt. Dies berücksichtigt IFI, indem alle Studentinnen zu einem Auslandssemester verpflichtet sind und so darauf vorbereitet werden, auch in einem international orientierten Berufsalltag zu bestehen. Damit war IFI bei Gründung der erste Informatikstudiengang an der Hochschule Bremen mit einer verpflichtend internationalen Orientierung.

Als Frauenstudiengang ist IFI von Gründung an darauf bedacht, kein inhaltlich „anderes“ Studienangebot in Informatik umzusetzen. Die Studieninhalte orientieren sich an den Empfehlungen der Gesellschaft für Informatik (GI). Der Studiengang stellt so sicher, dass die Absolventinnen absolut konkurrenzfähiges Wissen aus ihrem Studium mitbringen und sich dessen bewusst sind.

Zu 2. Praxisorientierung

Unabhängig vom Geschlecht der Studierenden sollte ein Fachhochschulstudium auf einen gelingenden Berufsstart vorbereiten. Der Frauenanteil in der IT ist im Beruf noch geringer als im Studium (Arbeitsagentur 2024). Daher kommt der angemessenen Vorbereitung von angehenden Informatikerinnen auf das Berufsleben in der IT schon im Studium besondere Bedeutung zu. Sie müssen bereits im Studium einschätzen können, wie sich der berufliche Alltag inhaltlich und sozial gestalten wird und mit welchen Erwartungen und Wünschen sie an ihre berufliche Tätigkeit herangehen können. IFI setzt dieses Ziel durch enge Kooperationen mit IT-Unternehmen um. Diese erfolgen auf verschiedenen Ebenen:

- Lehrende aus IT-Unternehmen bereichern das Lehrangebot sowohl durch Gastbeiträge in einzelnen Lehrveranstaltungen als auch durch die Übernahme von Lehrveranstaltungen im Wahlpflichtbereich.
- Das sechste (=vorletzte) Semester umfasst ein in Kooperation mit Unternehmenspartnern und im studentischen Team zu bearbeitendes Projekt. Diese Projekte beinhalten realistische Aufgabenstellungen aus dem tatsächlichen aktuellen Unternehmensalltag und führen wünschenswerterweise zu Projektarbeiten und -ergebnissen, die im Unternehmen eingesetzt werden.
- Das Studium beinhaltet ein zwingendes Betriebspraktikum im siebten (=letzten) Semester. Dieses wird hochschulseitig durch eine Praxissemestervorbereitung eingeleitet und durch den Praxisbericht und einen Erfahrungsaustausch auf der abschließenden Praxisbörse begleitet und für die jüngeren Jahrgänge nutzbar gemacht.
- Die Abschlussarbeit (bis 2005: Diplomarbeit, seit 2005: Bachelorarbeit) erfolgt in der Regel in Kooperation mit einem Unternehmen. Idealerweise ergibt sich aus den Bausteinen Projekt – Betriebspraktikum – Abschlussarbeit eine Abfolge von praxisorientierten Erfahrungen der Studentinnen, die in einen gelingenden Einstieg ins Berufsleben münden.
- Seit 2016 ist das IFI-Studienangebot um eine duale Variante ergänzt. Hier haben die Studentinnen ab Studienbeginn einen Vertrag mit einem der Partnerunternehmen des Studiengangs, absolvieren dort in der vorlesungsfreien Zeit Praxisphasen und schreiben die Abschlussarbeit in Kooperation mit ihrem dualen Partnerunternehmen. Die Studentinnen werden bereits im Studium bezahlt und nach erfolgreichem Studienabschluss auf eine feste Stelle übernommen. Da das unternehmensseitige Interesse an dualen Studentinnen und gut qualifizierten ITlerinnen groß und gleichzeitig nicht allen Studienbewerberinnen schon zu Studienbeginn die Möglichkeit des dualen Studiums bewusst ist, bietet der Studiengang Wechselmöglichkeiten zwischen der nicht-dualen und der dualen Variante in den ersten beiden Semestern an.

Zu 3. Erfolgreiche Positionierung als IT-Fachfrau

Frauen in der IT sind in einer Sonderrolle – Frauen in der IT, die ihre Qualifikation in einem Frauenstudiengang erworben haben, sind dies noch mehr. Darauf regiert der Studiengang durch ein Bündel an Maßnahmen, die geeignet sind, ein solides Standing der Absolventinnen in der männerdominierten IT-Arbeitswelt sicherzustellen.

- Der IFI-Studiengang ist ein internationaler Studiengang, d.h. alle Studentinnen gehen zwingend für ein Semester (in der Regel im 5.Semester) ins Ausland. Der Studiengang, die Fakultät und die Hochschule Bremen verfügen insgesamt über mehr als 300 internationale Hochschulpartnerschaften (HSB_International 2024). Studentinnen können ihr Auslandssemester an einer dieser Partnerhochschulen absolvieren oder als free mover an eine Hochschule der eigenen Wahl gehen. Die Organisation des Auslandsaufenthalts wird durch das International Office unterstützt. Inhaltlich wird das Auslandsstudium durch ein mit den Lehrenden des IFI-Studiengangs abgestimmtes learning agreement abgesichert, das die Anerkennung der im Ausland absolvierten Lehrveranstaltungen regelt. Finanzielle Unterstützung ist über die Erasmusförderung oder eine Reihe von Stipendienprogrammen möglich.

  Der Auslandsaufenthalt wird von Seiten des IFI-Studiengangs online durch die Veranstaltung Auslandssemesterbegleitung gestützt. Nach ihrer Rückkehr geben die Homecomings durch ihren Auslandsbericht und die abschließenden Auslandsbörse ihre Erfahrungen an die jüngeren Jahrgänge weiter.

  Damit bringen alle IFI-Absolventinnen die Erfahrung und das Erfolgserlebnis aus einem internationalen Studiensemester mit, das zwingend mit fachlichen Leistungen verbunden ist.
- IFI ist in der Fakultät „Elektrotechnik und Informatik“ der Hochschule Bremen beheimatet, in der als Informatikstudiengänge neben IFI auch die Medieninformatik und die Familie der Technischen Informatik angesiedelt sind. Das Wahlpflichtangebot wird studiengangsübergreifend von allen Informatikstudiengängen gemeinsam aufgestellt. Die Studierenden können aus diesem gemeinsamen Angebot auswählen, um mit ihrer Wahl

ein individuelles fachliches Profil aufzubauen. Die Lehrveranstaltungen des Wahlpflichtbereichs sind also koedukativ. Insbesondere bieten die Wahlpflichtveranstaltungen für die IFI-Studentinnen die Gelegenheit zum Vergleich mit den anderen Informatikstudierenden, was in der Regel alle eventuellen Bedenken hinsichtlich der Gleichwertigkeit des in den verschiedenen Informatikstudiengängen vermittelten Wissens zerstreut.

- IFI bietet im vierten Semester das Modul „Informatik und Gesellschaft", in dem die Studentinnen die gesellschaftlichen Auswirkungen der allgegenwärtigen Digitalisierung an aktuellen Beispielen aufzeigen, analysieren und hinterfragen. Die Selbstwahrnehmung der Studentinnen als IT-Expertinnen mit gesellschaftlicher Verantwortung wird so gefördert und damit die Bereitschaft der Absolventinnen, sich auch in ihren künftigen Unternehmenskontexten mit den Folgen ihrer Arbeit auseinanderzusetzen und Diskussionsprozesse aktiv zu gestalten.
- Kaum eine Studienanfängerin bei IFI hat schon einmal einen Rechner auseinandergeschraubt, die Hardware ergänzt oder umfangreiche neue Software installiert und zum Laufen gebracht. Dieser Ausgangssituation begegnet der Studiengang curricular mit dem speziellen Erstsemestermodul „Praktikum Hardware", in dem neben den fachlichen Kenntnissen als Effekt technisches Selbstbewusstsein vom Studieneinstieg an auf eine solide Grundlage gestellt wird und wächst.

Curriculare und didaktische Ausgestaltung des Studiums

Didaktisch-methodisch verfolgt IFI konsequent die folgenden Regeln:

- Unterricht in Kleingruppen
- Interaktive und dialogorientierte Vorlesungen, Labore und Übungsgruppen
- Projektorientierte Lehrveranstaltungen mit enger Anbindung an die Praxis ab dem 4.Semester
- Offener Kontakt zu Lehrenden aus Hochschule und Praxis (auch für individuelle Beratung und Unterstützung)

- Tutorielle Betreuung in allen Lehrveranstaltungen des ersten Studienjahres
- Keine Erwartungen an Vorkenntnisse
- Vernetzung der verschiedenen Jahrgänge innerhalb des Studiengangs
- Vernetzung mit Absolventinnen.

Lehrveranstaltungen bei IFI werden grundsätzlich nicht im Frontalunterricht durchgeführt, sondern stets in einer Mischform aus seminaristischem Unterricht und Labor-/Übungsanteilen. Der seminaristische Unterricht im Studiengang ist explizit interaktiv: Die Studentinnen werden durchgehend zu Fragen ermutigt, selbst von den Lehrenden mit Zwischenfragen angesprochen und zur aktiven Teilnahme an der Lehrveranstaltung unmissverständlich eingeladen. Wer etwas nicht versteht, ist damit sehr sicher nicht allein! Wer etwas nicht versteht, sollte also nachfragen und läuft nicht Gefahr, sich zu blamieren. Ganz im Gegenteil: Durch konstruktive Fragen kann jede zum allgemeinen Verständnis beitragen und die Lehrveranstaltung gewinnt. Diese Erfahrung teilen die Lehrenden von Studienbeginn an den Studentinnen mit, um zur aktiven Teilnahme zu ermutigen und Verständnisschwierigkeiten nicht grundsätzlich zu individualisieren.

Der Labor-/Übungsbetrieb stützt den im seminaristischen Unterricht vermittelten theoretischen Stoff durch praktische Übungen, die von den Lehrenden und im ersten Studienjahr durch studentische Tutorinnen begleitet werden. Ergänzend enthält jede Lehrveranstaltung eine sog. modulbezogene Übung, in der die Studentinnen zwar eigenständig, aber inhaltlich von den Lehrenden moderiert den Lehrstoff vertiefen. Diese Veranstaltungskomponenten stärken die Eigenverantwortung der Studentinnen, ihre Kommunikationsfähigkeit und ein wachsendes persönliches Verantwortungsbewusstsein für den Lern- und Studienerfolg.

Die im Studiengang eingesetzten Prüfungsformen verändern sich im Studienverlauf: Zu Anfang werden häufiger Klausuren geschrieben, im weiteren Verlauf werden verstärkt die Prüfungsformen Entwicklungsarbeit, Projektarbeit und Portfolio eingesetzt. Diese Prüfungsformen erfordern mehr Eigenverantwortung, mehr Dialog- und Teamfähigkeit und dienen der Herausbildung der entsprechenden fachlichen und sozialen Kompetenzen.

Inhaltlich gestaltet sich das Curriculum von IFI wie folgt:

Tabelle 1: Curriculum IFI

	1. Modul	2. Modul	3. Modul	4. Modul	5. Modul
1. Semester	Programmierung 1	Grundlagen der Informatik 1	Betriebssysteme	Praktikum Hardware	Mathematik 1
2. Sem	Programmierung 2	Grundlagen der Informatik 2	Internet und Medien	Rechnernetze 1	Mathematik 2
3. Sem	Softwaretechnik	Mensch-Maschine-Interaktion	Datenbank-Systeme	Rechnernetze 2	Wissenschaftlich Studieren
4. Sem	Programmierpraktikum	Informatik und Gesellschaft	Internettechnologien	Wahlpflichtmodul 1	Wahlpflichtmodul 2
5. Sem	Ausland Informatikbezogenes Wahlpflichtmodul		Ausland Wahlmodul	Wahlmodul	Auslandssemesterbegleitung
6. Sem	Projekt		Wahlpflichtmodul 3	Wahlpflichtmodul 4	Praxissemestervorbereitung
7. Sem	Betriebspraktikum			Bachelorthesis	

Der inhaltliche Schwerpunkt im IFI-Studium liegt auf der Software-Entwicklung. In der Modulstruktur spiegelt sich dies in der Modulfolge aus Programmierung, Softwaretechnik und dem Programmierpraktikum durch die ersten vier Semester wider. Im Projekt des sechsten Semesters wird in Teamarbeit das bisher Erlernte umgesetzt, und praxisrelevante Aufgaben werden mit professionellen Vorgehensweisen bearbeitet. Die Projektarbeit wird zudem im Programmierpraktikum im vierten Semester vorbereitet, das praktische Erfahrungen in der arbeitsteiligen Softwareentwicklung in Teams vermittelt. Ergänzt werden diese Module durch die Veranstaltungen zur Mensch-Maschine-Interaktion, zu Webtechnologien und zu Datenbanken, die Kenntnisse vermitteln, die bei vielfältigen größeren IT-Anwendungen gebraucht werden.

Wahlpflichtmodule erweitern das Studienangebot um verschiedene aktuelle Vertiefungsmöglichkeiten (wie Data Mining, Software-Test, Sichere SW-Entwicklung, Red Hat Academy zu Linux, Sicherheit in Netzen).

Wahlpflichtmodule können in Absprache mit dem Prüfungsausschuss aus dem Angebot aller Informatikstudiengänge der Fakultät gewählt werden. Insbesondere im Wahlpflichtbereich wird die Lehre unterstützt durch Gastdozenten aus der Praxis oder von den internationalen Partnerhochschulen des Studiengangs. Der Studiengang verzichtet in den ersten vier Semestern auf englischsprachige Fachveranstaltungen, um keine Studentin auszuschließen. Englisch ist unter den IFI-Studentinnen nicht zwingend die geläufigste Fremdsprache – durch die Vielzahl an Studentinnen mit unterschiedlichsten nationalen Wurzeln (Syrien, Ukraine, Afghanistan, afrikanische Staaten) kann dies im Studiengang nicht vorausgesetzt werden. Für das Auslandssemester allerdings müssen alle Studentinnen sicheres Englisch beherrschen und an englischsprachigen Lehrveranstaltungen erfolgreich teilnehmen können.

Neben Wahlpflichtmodulen (mit Informatikbezug) sieht das Curriculum auch sog. Wahlmodule vor, in denen Studierende Lehrveranstaltungen aus dem „general studies"-Bereich belegen können, insbesondere Sprachkurse. Zudem bietet das Modul „Wissenschaftlich studieren" eine Einführung in wissenschaftliches Arbeiten, bei der in der Regel englischsprachige Texte verwendet und erstellt werden.

Der software-orientierten Seite des Lehrangebots stehen Veranstaltungen zu systemnäheren Themen gegenüber: Das Praktikum Hardware und die Veranstaltungen zu Rechnernetzen behandeln in Theorie und Praxis den Aufbau, die Konfiguration und Installation von Hardware- und Softwarekomponenten und die Fragen ihrer Sicherheit. Der Studiengang hat den Anspruch, Studentinnen ohne Vorkenntnisse zum erfolgreichen Studienabschluss in Informatik zu führen. Diesem Anspruch begegnen insbesondere die Module Praktikum Hardware, Betriebssysteme und Internet & Medien, in denen explizit grundlegendes Wissen und praktische Fertigkeiten zu den jeweiligen Themen vermittelt werden.

Im Regelfall besteht ein Semester aus fünf Modulen. Dies erlaubt die Zuordnung eines jeden Moduls zu einem einzelnen Wochentag, der für diese Lehrveranstaltung innerhalb des Jahrgangs reserviert ist. Die Lehrenden können ihren Tag dann relativ flexibel in einer Mischung aus Vorlesung, Übung oder Labor und modulbezogener Übung nutzen und auf Verständnisschwierigkeiten, Vertiefungs- und Diskussionsbedarf optimal reagieren.

Ausstattung

Der Studiengang verfügt über eine personelle Ausstattung aus 4 Professuren und 2 Laboringenieurinnen. Eine dieser beiden Laboringenieurinnen ist selbst Absolventin des IFI-Studiengangs. Zwei Professorinnen und 2 Professoren sind dem Studiengang organisatorisch zugeordnet, exportieren aber selbst auch Lehre in andere Studiengänge.

Dem Studiengang sind eigene Labore zugeordnet, die bevorzugt für Lehrveranstaltungen bei IFI genutzt werden und die den Studentinnen (zum Teil exclusiv) zum eigenständigen Üben und Arbeiten zur Verfügung stehen. Damit sind auch die Labore Lernräume, die einen freien, fehler- und fragenfreundlichen Zugang, Eigenständigkeit und die Erfahrung der fachlichen Peer-to-Peer-Unterstützung in einer rein weiblichen Studierendenschaft ermöglichen. Damit vermeidet der Studiengang Lernsituationen, in denen Studentinnen eine nicht immer erbetene Unterstützung durch (mehr oder weniger kompetente) männliche Studierende bekommen.

Der Studiengang verfügt über eine Grundausstattung an Leih-Hardware, die in der Studieneingangsphase an Studentinnen verliehen werden kann, die vor Studienbeginn noch nicht die Kompetenz oder die Mittel zum Erwerb eigener technischer Grundausstattung hatten.

Informations- und Werbemaßnahmen

IFI versteht sich als Informatikstudiengang, in der jede Studentin unabhängig von Vorwissen, Erfahrung und (technischem) Selbstbild willkommen und zugehörig ist. Das bei IFI vermittelte Wissen in Informatik hat das Ziel, unmittelbar für einen erfolgreichen Eintritt in eine berufliche IT-Tätigkeit zu qualifizieren. Informatikwissen ist jedoch keine lebenslange Garantie für einen gut bezahlten Job –Hartnäckigkeit und Standing sind ebenso notwendig. Der Studiengang arbeitet daran, auch auf diese Anforderungen angemessen vorzubereiten. Diese Haltung wird vom Studiengang konsequent nach außen kommuniziert und erreicht eine ausgesprochene vielfältige Gruppe von jungen Frauen. Bezüglich der Merkmale

- Alter
- Schulbildung
- Art und Ort / Land des Erwerbs der Hochschulzugangsberechtigung

- Familienverantwortung
- Vorbildung in Informatik
- Vorhergehendes (anderes) Studium, Berufsausbildung
- Migrationshintergrund (auch mehr als eine Generation zurückliegend)

gibt es keine leicht erkennbaren Gemeinsamkeiten innerhalb der IFI-Jahrgänge. IFI ist divers.

Die nicht genau einzugrenzende Zielgruppe für den Studiengang erschwert ein zielgerichtetes Marketing. Der Studiengang nutzt eine große Bandbreite an Möglichkeiten, um auf das Studienangebot aufmerksam zu machen und Studieninteressierte zu gewinnen. Hierzu zählen

- Schnuppermöglichkeit im Studienalltag bei IFI
  als Begleitung einer Studentin aus einem höheren Semester
  eigeninitiativ oder über das rent-a-student-Programm der Hochschule (HSB_rent-a-student 2024)
- Zentrale Informationsveranstaltungen der Hochschule Bremen mit Vorträgen, kleinen Projekten und Fragerunden (HSB_HSInfotag 2024)
- Junges Informatiklabor (HSB_Junges Informatiklabor 2024) mit Schulprojekten unterschiedlicher Dauer und Themensetzung
- Öffentlichkeitsarbeit über zentrale Kanäle des HSB-Hochschulmarketings
- Öffentlichkeitsarbeit des Studiengangs mit regionalen und überregionalen Medien.

Mit der Dauer des Bestehens von IFI haben sich zwei weitere Wege ergeben, über die Studentinnen auf das Studienangebot aufmerksam werden: Zum einen die Mundpropaganda im regionalen Umfeld (Bremen und Umgebung) durch aktuelle und ehemalige Studentinnen, zum anderen die Werbemaßnahmen und Informationsveranstaltungen der dualen Partnerunternehmen.

Entwicklung von Nachfrage und Bedarf über die Gründungsjahre bis heute

In den ersten fünf Jahren war der Studiengang ein Diplomstudiengang, der als Modellprojekt durchgeführt, von einer wissenschaftlichen Begleitforschung begleitet und am Ende evaluiert wurde. Nach erfolgreicher Evaluierung am

Ende der ersten fünf Jahren ging der Studiengang in den Regelbetrieb eines Informatikstudiengangs an der Hochschule Bremen über, der mit 7semestriger Laufzeit zum Bachelorabschluss führt und im vorgesehenen Zeitraster regelmäßig (re-)akkreditiert wird.

Die Gründe für die Einführung und den Betrieb von IFI haben sich über die Jahre verändert. In der Gründungsphase überwog das Argument des Fachkräftemangels in der IT, der dazu führte, junge Frauen gezielt als arbeitsmarkt- und bildungspolitische Ressource verstärkt wahrzunehmen und mit geeigneten Maßnahmen anzusprechen und für die IT zu gewinnen. Inzwischen sind die Argumente für die Gewinnung von mehr jungen Frauen für die IT vielschichtiger geworden:

- Fachkräftemangel
  Unverändert fehlen Fachleute in der IT, der Bedarf wächst mit der digitalen Transformation und ihrer Durchdringung verschiedenster Wirtschafts- und Lebensbereiche.
- Qualität durch heterogene Teams im Entwicklungsbereich
  IT-Produkte werden von allen Bevölkerungsgruppen in einer Fülle von Anwendungsszenarien genutzt. Ebenso vielfältig wie die Nutzung sollte die Entwicklung sein, um von vornherein nicht nur die Perspektive junger weißer Männer (also der klassischen Entwickler) in das Produktdesign einfließen zu lassen. Diese Sichtweise hat sich inzwischen in der IT-Wirtschaft zumindest in größeren Betrieben durchgesetzt (bitkom 2024), wo eine erhöhte Innovationskraft und Effizienz durch kompetente und möglichst vielfältig zusammengesetzte Arbeits- und Entwicklungsteams angestrebt wird.
- Teilhabe an attraktiver Erwerbsmöglichkeit und an der aktiven Gestaltung einer zunehmend digitalen Gesellschaft
  Die IT bietet gut bezahlte Arbeitsmöglichkeiten in einer Fülle von Anwendungen und mit einer Vielzahl von Anforderungen. Die Teilhabe an diesem attraktiven Arbeitsmarkt mit Auswirkungen auf unser aller Leben in einer digitalisierten Welt sollte allen offenstehen – unabhängig von Alter, Geschlecht, Vorbildung oder Herkunft.

Die Argumente für die Gewinnung von mehr jungen Frauen für die IT sind über die Jahre also vielfältiger geworden. Dies spiegelt sich auch im wachsenden Interesse von IT-Unternehmen an einer dualen Partnerschaft mit dem IFI-Studiengang wieder: Hier ist verstärkt der Wunsch der Wirtschaft nach mehr Diversität in ihrem Unternehmen ausschlaggebend.

In den Eckdaten des Studiengangs spiegelt sich diese Entwicklung wie folgt:

Der IFI-Studiengang bietet jährlich zum Wintersemester 36 Studienplätze, von denen durchschnittlich 10 Plätze durch duale Studentinnen belegt werden. Es gibt keinen NC, um niemanden von der Bewerbung abzuschrecken. Die Nachfrage hat über die Jahre Schwankungen durchlaufen, wobei deutlich der Effekt gelungener Öffentlichkeitsarbeit zu bemerken ist. Die Nachfrage nach dem Studiengang hängt also von seiner Bekanntheit ab: Mehr Medienberichte (seien sie nun positiv oder nicht) führen offenbar direkt zu mehr Bewerbungen. Aktuell (d.h. in den Jahren 2023 und 2024) liegen gut 60 Bewerbungen für die Studienplätze vor. Da nicht alle Bewerberinnen wirklich Bremen als ihre erste Wahl für ein Studium haben, ergibt sich zu Vorlesungsbeginn dann grob die gewünschte Jahrgangsstärke von 36 Studentinnen.

Seit Bestehen des Studiengangs entscheiden sich viele Studentinnen mit Migrationshintergrund (erster und zweiter Generation) für dieses Studium. Kontinuierlich spricht der Studiengang Bewerberinnen mit den verschiedensten Vorerfahrungen an, sei es ein begonnenes Studium der Sozialen Arbeit, eine Ausbildung als Erzieherin oder zur Fachinformatikerin oder ein abgeschlossenes Studium der Klimawissenschaften. Alle Studienanfängerinnen eint die Bereitschaft, sich konzentriert auf die IT als Herausforderung einzulassen. Einige Bewerberinnen haben Familienverantwortung und sind an einem Studium in Teilzeit interessiert. Hier erweist sich die Zuordnung eines Moduls zu einem Wochentag als vorteilhaft, weil die an Teilzeit interessierten Studentinnen einfach die für sie machbaren Wochentage benennen und dann die zugeordneten Module komplett belegen können.

Und sonst?

Mit einer Fülle von kleineren Maßnahmen arbeitet der IFI-Studiengang an einer zugewandten, wertschätzenden und Zugehörigkeit erzeugenden Grundstimmung. Durch die kleine Gruppengröße (maximal 36 Studentinnen in den Vorlesungen, maximal 18 Studentinnen pro Laborgruppe) liegen die Voraussetzungen dafür vor, dass alle Lehrenden die Studentinnen zügig mit Namen kennen. Die Erstsemester können davon ausgehen, dass sie ab Weihnachten des ersten Semesters namentlich bekannt sind und so auch angesprochen werden. Schon durch diese Kommunikation ergibt sich ein persönliches Verhältnis zu den Lehrenden. Alle Lehrenden bieten neben ihren Sprechzeiten ausführliche Frage- und Diskussionsmöglichkeit nach ihren Lehrveranstaltungen an, Emails werden innerhalb von 24h beantwortet. Die Laboringenieurinnen sind in die Lehre eingebunden und daher ebenfalls als Ansprechpersonen präsent.

Der Studienstart beinhaltet neben der Vorstellungsrunde aller Lehrenden auch eine Vorstellungsrunde der Erstsemester. Dadurch ist gewährleistet, dass quer durch die Statusgruppen alle bereits am ersten Tag einen Eindruck voneinander haben. Zudem haben die Erstsemester schon am ersten Tag im Veranstaltungsraum ihre Stimme erhoben zur eigenen Vorstellung – danach wird dies in den Vorlesungen leichter!

Inhaltlich ist der Studienstart gekoppelt mit einem Vorbereitungskurs in Mathematik (gemeinsam mit allen Informatik-Erstsemestern) und einem Einstufungstest in Englisch. Das Ergebnis des Sprachtests ist nur den Studentinnen selbst zugänglich und enthält Empfehlungen, was persönlich im Hinblick auf einen ausreichenden Spracherwerb bis zum Auslandssemester zu tun ist. Der Studiengang kümmert sich so um die frühzeitige Information und macht die Studentinnen gleichzeitig auf ihre Eigenverantwortung aufmerksam.

Der Studiengang bietet eine Reihe von Veranstaltungen „von Studis für Studis.“ Dies ist zum einen die Auslandsbörse, auf der die Homecomings eines Jahrgangs den Outgoings des nächsten Jahrgangs von ihren Erfahrungen (fachlicher und nicht-fachlicher Art) berichten. Zum anderen ist dies die Praxisbörse, auf der die Studierenden, die frisch ihr Betriebspraktikum absolviert haben, wiederum den nächsten Jahrgang an ihren Erfahrungen teilhaben lassen. Der Studiengang und die Fakultät laden bewusst keine Firmenvertretungen zu diesem Event ein (was sehr häufig von Unternehmen angefragt wird), um einen ungeschönten Austausch unter den Studierenden zu gewährleisten. Diese jahrgangsübergreifenden Veranstaltungen, die immer auch einen privateren Anteil haben, sorgen für eine gute Verbindung quer durch die Jahrgänge.

Zu Weihnachtsfeier des Studiengangs sind neben den Studentinnen und den Lehrenden auch die Absolventinnen eingeladen. Traditionell organisieren die Erstsemester die Feier.

Insgesamt lässt sich festhalten: Keine IFI-Studentin durchläuft ihr Studium, ohne selbst Fragen gestellt und vorgetragen zu haben und ohne ihren persönlichen Beitrag zu einem gelingenden Austausch auch außerhalb der Lehrveranstaltungen geleistet zu haben.

Literatur und links

Arbeitsagentur 2024	<https://statistik.arbeitsagentur.de/DE/Navigation/ Statistiken/Interaktive-Statistiken/Berufe-auf-einen-Blick/>, 29.8.24
Bitkom 2024	<https://www.bitkom.org/Presse/Presseinformation/Warum-die-IT-Branche-dringend-mehr-Frauen-braucht>, 12.8.24
HSB_HSInfotag 2024	<https://www.hs-bremen.de/die-hsb/aktuelles/veranstaltung/expedition-studium-24-studieninfotag/> (12.8.24)
HSB_IFI 2024	<https://www.hs-bremen.de/studieren/studiengang/internationaler-frauenstudiengang-informatik-b-sc/> (12.8.24)
HSB_International 2024	<https://www.hs-bremen.de/die-hsb/profil/internationalitaet/> (12.8.24)
HSB_Junges Informatiklabor 2024	<https://www.hs-bremen.de/die-hsb/fakultaeten/elektrotechnik-und-informatik/labore/junges-informatiklabor/> (12.8.24)
HSB_rent-a-student 2024	<https://www.hs-bremen.de/studieren/vor-dem-studium/studieninteressierte/#c4106> (12.8.24)
Kompetenzzentrum 2024	<https://www.kompetenzz.de/service/datentool/datentool-studium>, (29.8.24)

Was wird aus den IFIs? – Hintergrund und Methode der Studie zum Verbleib von IFI-Absolventinnen

Lore Funk
Kompetenzzentrum Technik – Diversity – Chancengleichheit
funk@kompetenzz.de

Im Zusammenhang mit wirksamen Maßnahmen zur nachhaltigen Gewinnung von Frauen für (informations-)technische Berufsfelder werden monoedukative Ansätze kontrovers diskutiert.[1] Das Stigma der nach Geschlecht getrennten Schulbildung, die in der Vergangenheit vor allem dazu diente, Mädchen und junge Frauen zu perfekten Ehefrauen zu erziehen, wirkt in der gesellschaftlichen Wahrnehmung stark nach. Die Schulreform Ende der 60er Jahre des 20. Jahrhundert führt die Koedukation als Standard ein und markiert in dieser Hinsicht einen emanzipatorischen Schritt in Richtung einer Angleichung von Bildungschancen zwischen den Geschlechtern.

Der Internationale Frauenstudiengang Informatik an der Hochschule Bremen wurde bewusst und entgegen dem Trend als monoedukativer Studiengang entwickelt, aus der Absicht heraus, jungen Frauen einen hochschulischen Rahmen zu bieten, der als Alternative zu konventionellen Studiengängen funktionieren kann. Das heißt unter anderem: ohne die Erfahrung „allein unter Männern" zu studieren, fehlendes Vorwissen nicht als grundsätzliche Unfähigkeit zu empfinden und sich einen eigenen Zugang zur Informatik, jenseits von Genderklischees, erschließen zu können.

Doch die Frage, ob Absolventinnen monoedukativ angelegter Studiengänge allgemein und IFI-Absolventinnen im Besonderen tatsächlich in der Arbeitswirklichkeit „ihre Frau stehen können", ist bisher nicht systematisch untersucht worden: Aktuelle Forschungsarbeiten zu Berufserfahrungen von Absolventinnen monoedukativer Studiengänge fehlen in der deutschen

---

1 Vgl. stellvertretend für eine kritische Position: Roessler, Isabel; Peksen, Sude; Friedrich, Julius-David; Hachmeister, Cort-Denis; Nickel, Sigrun; Ulrich, Saskia (2019): Frauen in IT: Handlungsempfehlungen zur Gewinnung von Frauen für Informatik. CHE AP222. Gütersloh: Centrum für Hochschulentwicklung gGmbH.

Forschungslandschaft. So ist ein Hauptanliegen der Verbleibstudie mit IFI-Absolventinnen, zumindest einen wichtigen Beitrag zur Schließung einer Forschungslücke zu leisten[2] – und damit einer differenzierten, empirisch fundierten Diskussionen möglicher (monoedukativer) Ansätze zur Gewinnung von Frauen für die IT den Weg zu bereiten.

Die vorliegende Untersuchung wurde vom Kompetenzzentrum Technik-Diversity-Chancengleichheit e.V. im Auftrag des IFI-Studiengangs der Hochschule Bremen durchgeführt. Die Studiengangsleitung unterstützte bei der Durchführung der herausfordernden Aufgabe, die notwendigen Kontakte zu den IFI-Absolventinnen aus zwei Jahrzehnten herzustellen.

Die Studie besteht aus mehreren Modulen, die im Folgenden in aller Kürze skizziert werden.

Studienbrief: Vorgehensweise und Methodik

Untersuchungsdesign

Das Design zur Studie umfasst vier Module:

(1) Gruppendiskussion mit ausgewählten IFI-Absolventinnen[3]

- **Zielsetzung**: Grundlage für die Entwicklung des standardisierten Fragebogens
- **Durchführung** am 30. August 2023 im Zeitraum von 18 bis 20 Uhr im digitalen Format: MS Teams in Kombination mit Miro
- Rekrutierung der **Teilnehmerinnen** durch die HS Bremen: 10 Teilnehmerinnen, die ihr Studium zwischen 2005 und 2022 abgeschlossen haben

[2] Gerne hätten wir ein fundiertes Vergleichsgruppendesign umgesetzt und die Erfahrungen und Haltungen von IFI-Absolventinnen systematisch mit Absolventinnen vergleichbarer koedukativer Informatikstudiengänge gegenübergestellt. Doch das war uns aus forschungsökonomischen Gründen nicht möglich. Um dennoch eine vergleichende Perspektive in die Ergebnisse zu integrieren, greifen wir behelfsmäßig auf die Ergebnisse der Absolvent*innenbefragungen des Deutsche Zentrums für Hochschul- und Wissenschaftsforschung (DZHW) zurück (siehe Modul Nr. 3 in der folgenden Darstellung des Untersuchungsdesigns).

[3] Die Ergebnisse fließen nur punktuell in diesen Bericht ein. Ein gesonderter Bericht liegt vor.

(2) Standardisierte Onlinebefragung von IFI-Absolventinnen, die im Zeitraum 2000 bis 2017 ihr Studium aufgenommen haben

- **Grundgesamtheit:** 199 Absolventinnen
- **Zielsetzung:** Bewertung des IFI-Studiengangs aus der Retrospektive und Rekonstruktion von Studien- und Berufsverläufen
- **Durchführung** vom 27. Oktober bis 18. Dezember 2023 als standardisierte Onlinebefragung (mit der Befragungssoftware Limesurvey)
- **Rekrutierung** durch HS Bremen, Weiterleitung des offenen Befragungslinks an weitere Zielpersonen im Schneeballverfahren
- **Stichprobe:** erfolgreiche Kontaktrecherche und Kontaktaufnahme zu 105 Absolventinnen
- Anzahl **erfolgreicher Interviews: 64** (Ausschöpfung insgesamt: 32 % | Ausschöpfung bei vorliegenden Kontaktadressen: 61 %)
- Beschreibung des Samples:
  Die in diesem Bericht ausgewiesenen Ergebnisse beruhen auf 64 befragten IFI-Absolventinnen. Drei von ihnen sind noch in der Qualifikationsphase (zwei Promovendinnen und eine Master-Studentin), so dass sie keine Angaben zu berufsbezogenen Merkmalen im engeren Sinne (z.B. Tätigkeitsfeld, Beruflicher Status, Verdienst) machen konnten. Weitere fünf Absolventinnen haben zu eben diesen Merkmalen unvollständige oder keine Angaben gemacht. Entsprechend basiert die Rekonstruktion beruflicher Erfahrungen in großen Teilen auf den Angaben von 56 IFI-Absolventinnen.

Tabelle 1: Zentrale Analysegruppen und Fallzahlen

Merkmal: Studienphase	Erste Phase: 2000–2004	Zweite Phase: 2005–2011	Dritte Phase: 2012–2017	
Anzahl nach Ausprägungen	24	20	20	
Migrationsgeschichte	**mit**	**ohne**		
	25	39		
Berufserfahrung	**keine**	**–5 Jahre**	**–10 Jahre**	**10+ Jahre**
	3	12	15	29

(3) Sekundäranalyse von Ergebnisdaten der DZHW-Absolventinnenbefragung der Jahrgänge 2009 und 2013

Das Deutsche Zentrum für Hochschul- und Wissenschaftsforschung (DZHW) führt seit mehreren Jahrzehnten Absolvent*innenbefragungen durch.[4] Die Ergebnisse dieser Befragungen wurden dem Kompetenzzentrum nach Antragstellung in Form von Datensätzen für eine Sekundäranalyse zur Verfügung gestellt. Insbesondere die DZHW-Befragungsergebnisse der Absolvent*innen der Jahrgänge 2009 und 2013 dienen einer Einordnung (Stichwort: Benchmarking) der Ergebnisse aus der standardisierten Befragung der IFI-Absolventinnen.

Die Systematik der Daten aus den Absolvent*innenpanels beinhaltet drei Befragungswellen: Hochschulabsolvent*innen, die im Winter- oder Sommersemester des betreffenden Prüfungsjahrs ihren Studienabschluss an einer Hochschule in Deutschland erworben haben,[5] werden etwa ein bis 1,5 Jahre nach ihrem Abschluss erstmalig, nach etwa 5 Jahren zum zweiten Mal und nach etwa 10 Jahren letztmalig befragt. Zwischen den einzelnen Kohorten liegen vier Jahre.

Für die Einordnung der Ergebnisse von IFI-Absolventinnen greifen wir im Folgenden auf einzelne Ergebnisse der Absolvent*innenjahrgänge 2009 und 2013, aus der ersten (Schwerpunkt: Studienerfahrungen) und zweiten Welle (Schwerpunkt: Berufseinstieg und -erfahrungen), zurück. Als unmittelbare Vergleichsgruppen sind Absolvent*innen des Fachbereichs Informatik wie folgt definiert:

- Jahrgang 2009: Erst- oder Zweitstudium im Studienbereich „Informatik“ als Hauptfach
- Jahrgang 2013: Studienabschluss im Studienbereich „Informatik“ als Hauptfach

[4] <https://www.dzhw.eu/forschung/projekt?pr_id=467>

[5] <https://metadata.fdz.dzhw.eu/public/files/data-packages/stu-gra2013$-3.0.0/attachments/gra2013_MethodReport_de.pdf>

Tabelle 2: Fallzahlen der ersten und zweiten Welle der DZHW-Absolvent*innenbefragungen

	DZHW 2009		DZHW 2013	
Informatikabsolvent*innen	**Erste Welle**	**Zweite Welle**	**Erste Welle**	**Zweite Welle**
Gesamt	506	222	246	127
Weiblich	83	33	59	26
Männlich	422	189	186	101

Aufgrund der unterschiedlichen Studiendesigns, insbesondere der Befragungszeitpunkte, ist der Ansatz der Vergleichbarkeit von Ergebnissen nur eingeschränkt möglich: Während die Ergebnisse der DZHW-Absolvent*innen auf zwei Befragungszeitpunkten und in der Kohortenstruktur auf einer relativ hohen Kongruenz der Erfahrungshintergründe (Hochschulabschluss, Einmündung in der Beruf) beruhen, ist das Sample der IFI-Absolventinnen mit Studienbeginn im Zeitraum 2000 bis 2017 sehr heterogen zusammengesetzt. Die IFI-Absolventinnen befinden sich zum Zeitpunkt der Befragung an unterschiedlichen Wegemarken ihrer Lebens- und Berufsbiografien. Gleichwohl erscheint uns – unter Berücksichtigung der Stichprobenzusammensetzungen – ein Vergleich für eine grobe Verortung der IFI-Absolventinnenperspektive und -erfahrungen hilfreich.

(4) Interviews mit Unternehmensvertreter*innen[6]

Um die Wahrnehmungen, Erfahrungen und subjektiven Einschätzungen der IFI-Absolventinnen mit der Arbeitgeber*innenperspektive zu spiegeln, waren Unternehmensbefragungen Teil der Studie.

Die Auswahl der Unternehmen erfolgte durch die HS Bremen und richtete sich auf Unternehmen der Region mit einem hohen Anteil an IFI-Absolventinnen.[7] Zielpersonen im Unternehmen waren Funktionsträger*innen, die zu strategischen Fragen der Personalgewinnung und -entwicklung im Unternehmen sowie Performance von Teams im Arbeitsalltag Auskunft geben können.

[6] Die Ergebnisse fließen nur punktuell in diesen Bericht ein. Ein gesonderter Bericht liegt vor.

[7] Mit der Ausnahme eines Unternehmens, das keinen nennenswerten Anteil an IFI-Absolventinnen beschäftigt, sondern im Interviewsample in der Funktion eines „Benchmarks" als global agierendes Unternehmen enthalten ist.

Verbleibstudie 1. Teil: Wege zum Internationalen Frauenstudiengang Informatik (IFI)

Lore Funk
funk@kompetenzz.de

Gerlinde Schreiber
gerlinde.schreiber@hs-bremen.de

Wer studiert im IFI-Studiengang und schließt diesen erfolgreich ab? Welche Motive spielen bei der Entscheidung für IFI eine wichtige Rolle?

Mittels eines vergleichenden Ansatzes stellen wir IFI-Studierendenprofile und Profile von entsprechenden relevanten anderen Studierendengruppen gegenüber, um im Hinblick auf ausgewählte Merkmalsdimensionen herauszuarbeiten, inwieweit es IFI bisher gelungen ist, diverse weibliche Zielgruppen für die IT zu erschließen.

STUDYING IFI: WHO DOES IT? AND WHY?
SUMMARY

Who studies on and successfully completes the IFI program? What motives play an important role in the decision to study IFI?

Using a comparative approach, we compare IFI student profiles with the profiles of other relevant student groups. Our aim is to point out the extent to which IFI has so far succeeded in attracting diverse female target groups to IT with regard to selected characteristic dimensions.

The results show that IFI appeals to young women with a clear IT interest profile, as well as those who perceive themselves as not being interested in the subject, but who feel encouraged by the study environment at IFI to pursue their latent interest.

IFI reaches an above-average number of young women with family responsibilities and those with a history of migration. Especially for prospective students with a history of migration, IFI offers easier access with its low-threshold and, with its relevant orientation towards a qualification in line with the labor market, a very high attractiveness factor for this group.

In the combination of the content offered and the formal requirements and structures, the IFI degree course attracts broad groups of female students to computer science: the location in the city of Bremen, the rather personal atmosphere in the degree course as well as the convincing aspects of practical relevance and internationality are part of an attractive overall concept.

Profile von IFI-Studentinnen[1] und -Absolventinnen

Die Fragestellung, ob der IFI-Studiengang als Frauenstudiengang besondere weibliche Studierendengruppen anspricht, soll Im Folgenden über das aggregierte Profil von IFI-Studentinnen bearbeitet und sowohl Ähnlichkeiten als auch Besonderheiten im Vergleich zu anderen relevanten Studierendengruppen herausgestellt werden. Dafür werden mehrere Daten- und Informationsquellen herangezogen. Für die IFI-Studentinnen nutzen wir, neben den Befragungsergebnissen der IFI-Absolventinnen, Statistiken für Studienanfängerinnen der Hochschule Bremen.[2] Als Vergleichsgruppen dienen, je nach Eignung und Verfügbarkeit, die DZHW-Befragungsergebnisse, Hochschulstatistiken des Statistischen Bundesamtes und Ergebnisse der Studierendenbefragung in Deutschland.[3] Zu den Merkmalen im Vergleich zählen die schulische Qualifikation, Migrationsgeschichte und Nationalität, familiärer Hintergrund (Merkmal: Bildungsaufstieg) und Care-Aufgaben während des Studiums.

Schulische Qualifikation: Schulabschluss

Die schulische Herkunft der IFI-Absolventinnen sieht auf Basis der Befragungsdaten wie folgt aus: 72 % der IFI-Absolventinnen haben ihre Studienberechtigung am (Fach-)Gymnasium erworben (etwa 64 % am Gymnasium und acht Prozent am Fachgymnasium), zwei Prozent am Abendgymnasium und 16 % an der Fachoberschule. Im Vergleich zu den Informatik-Absolventinnen der DZHW-Stichproben aus 2009 und 2013 zeigen sich leichte Abweichungen: IFI-Absolventinnen weisen in ihrer Gesamtheit tendenziell einen etwas geringeren Anteil an Gymnasiastinnen auf, während der Anteil an Absolventinnen der Fachoberschule etwas über dem Anteil der Vergleichsgruppen liegt. Im Großen und Ganzen jedoch ähneln sich die

1 Hochschulzugangsberechtigung und Nationalität sind Merkmale, die in den Statistiken der Hochschule Bremen für die Studienjahre 2011/2012 bis 2016/2017 zu IFI-Studienanfängerinnen vorliegen. Alle weiteren hier für die IFI-Absolventinnen ausgewiesenen Merkmalsverteilungen basieren auf den Ergebnissen der standardisierten Befragung von IFI-Absolventinnen.

2 Diese beschränken sich auf den Zeitraum der Studienjahre 2011/2012 bis 2016/2017.

3 Die Studierendenbefragung ist, als gemeinsame Befragung des DZHW und des Deutschen Studierendenwerks, eine umfassende wissenschaftliche Trendstudie zur Lebens- und Studiensituation von Studierenden in Deutschland (für weitere Informationen siehe <https://www.dzhw.eu/forschung/projekt?pr_id=650>, Zugriff am 23.07.2024).

schulischen Qualifikationsprofile der Absolventinnen – IFI-Absolventinnen zeigen in dieser Hinsicht keine ausgeprägten Besonderheiten.

Tabelle 1: Über welchen Bildungsweg haben Sie Ihre Studienberechtigung für Ihr (erstes) Studium erworben?

	Alle IFIs (n = 64)	DZHW09 (n = 83)	DZHW13 (n = 59)
Gymnasium	64 %	66 %	73 %
Fachgymnasium	8 %	4 %	5 %
Abendgymnasium, Kolleg	2 %	4 %	3 %
Fachoberschule	16 %	8 %	10 %
Sonstiger Bildungsweg	9 %	17 %	7 %

Studierende mit Migrationshintergrund und Internationale Studierende

Die offiziellen, öffentlich zugänglichen Statistiken führen lediglich das Merkmal „(bildungs-) inländisch bzw. ausländisch" für alle Teilgruppen von Studierenden (Anfänger*innen, Studierende, Prüfungen). Der Status „bildungsinländisch" bezeichnet Personen, die ihre Hochschulzugangsberechtigung (HZB) in Deutschland erworben haben, jedoch keine deutsche Staatsangehörigkeit besitzen. Als „Bildungsausländer*innen" gelten Studierende, die ihre HZB im Ausland erworben haben. Sie werden auch unter der Bezeichnung „Internationale Studierende" geführt.

Das Merkmal „Migrationshintergrund"[4] wird in Hochschulstatistiken in der Regel nicht erfasst und beruht auf Befragungsdaten.

Im Rahmen der IFI-Absolventinnenbefragung fragen wir alle Teilnehmerinnen nach ihrem oder dem Geburtsort ihrer Eltern und bilden auf Basis der Ergebnisse eine Variable „Migrationsgeschichte", die sowohl die Studentinnen aus Deutschland mit Migrationshintergrund (in der geläufigen Definition) als auch internationale Studentinnen beinhaltet. Auf Basis der

[4] Laut Mikrozensus des Statistischen Bundesamtes definiert sich Migrationshintergrund wie folgt: „Eine Person hat dann einen Migrationshintergrund, wenn sie selbst oder mindestens ein Elternteil nicht mit deutscher Staatsangehörigkeit geboren ist." (siehe Glossar, abrufbar unter: <https://www.destatis.de/DE/Themen/Gesellschaft-Umwelt/Bevoelkerung/Haushalte-Familien/Methoden/Downloads/mikrozensus-glossar-2022.pdf?__blob=publicationFile>, Zugriff am 26.07.2024).

Befragungsergebnisse können zwei von fünf IFI-Absolventinnen (39 %) der Kategorie „Studentinnen mit **Migrationsgeschichte**" zugeordnet werden. In den DZHW-Vergleichsgruppen sind es bei gleicher Definition lediglich 15 % im Absolventinnenjahrgang 2013 und 24 % im Jahrgang 2009.

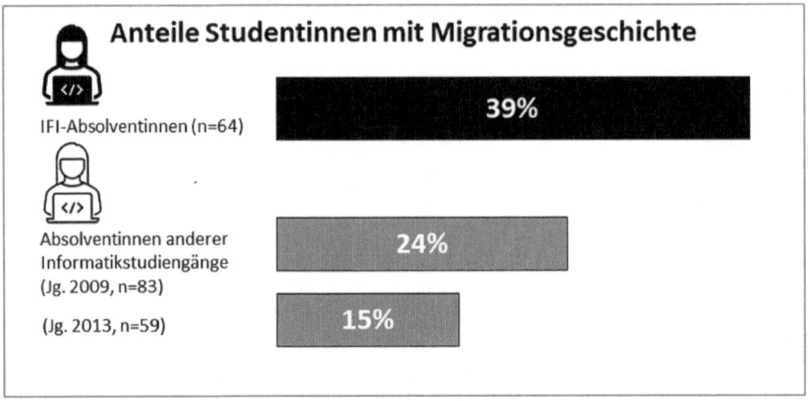

Abbildung 1: Informatikabsolventinnen nach Migrationsgeschichte im Vergleich.

In den Sozial- bzw. Studierendenerhebungen werden für das Jahr 2021 die Anteile von Studierenden mit Migrationshintergrund (17 %) und internationalen Studierenden (15 %) ausgewiesen, in Summe eine Benchmark von 32 % (vgl. BMBF 2023: 31).[5] Im Vergleich zu allen ausgewählten Benchmarks liegt der IFI-Anteil an Absolventinnen mit Migrationsgeschichte vergleichsweise hoch.

Von den befragten IFI-Absolventinnen haben 16 % ihre **Studienberechtigung im Ausland** erworben. Auch dieser Anteil ist deutlich höher als in den DZHW-Vergleichsgruppen (DZHW-Absolventinnen 2013: 3 % und 2009: 6 %) und deckt sich in etwa mit dem durchschnittlichen Anteil der

[5] Die Anteile von Studierenden mit Migrationsgeschichte werden 2006 erstmalig in den Sozialerhebungen veröffentlicht – allerdings in einer engeren Definition. Seit der 20. Sozialerhebung in 2012 wird die erweiterte Definition (vgl. vorangegangene Fußnote) angewandt. Differenzierungen nach Fachbereich oder Geschlecht sind auf Basis der Veröffentlichungen nicht möglich.

Bildungsausländerinnen unter den IFI-Studienanfängerinnen der Jahrgänge 2011/2012 bis 2016/2017 (in etwa 14 %).[6]

Laut Statistik der Hochschule Bremen beträgt der Anteil an **Ausländerinnen** unter IFI-**Studienanfängerinnen** über den Zeitraum 2011 bis 2017 im Mittel etwa 27 %. Der Anteil ausländischer **Absolventinnen** fällt im Mittel mit 28 % annähernd gleich aus. Zwischen den Studienjahren zeigen sich zwar hohe Schwankungen dieses Anteils, insgesamt jedoch mit steigender Tendenz.

Ziehen wir zur Einordnung dieser Anteile die offiziellen Prüfungsstatistiken im Bereich Informatik heran, findet sich für erfolgreich geprüfte Studentinnen ähnlich hohe Anteile und Entwicklungen: die Anteile von weiblichen Prüflingen mit dem Status „Ausländerinnen" steigen kontinuierlich von 21 % (in 2000) bis 33 % (in 2020).[7]

Auf Grundlage der vorliegenden Daten ließe sich vorläufig formulieren, dass der IFI-Studiengang im Hinblick auf das Merkmal „ausländische Studierende" einen tendenziell durchschnittlichen Anteil von Frauen, im Hinblick auf das (erweiterte!) Merkmal „Studierende mit Migrationsgeschichte" überdurchschnittlich viele Studentinnen mit Migrationsgeschichte aufweist.

Bildungsaufstieg

Die befragten IFI-Absolventinnen stammen mehrheitlich aus einem **nicht-akademischen Elternhaus** (59 %), d.h. keines der Elternteile hat einen akademischen Berufsabschluss erworben. Der entsprechende Anteil aus den DZHW-Vergleichsgruppe (alle Informatik-Absolventinnen) liegt 2013 bei 56 %. Verengen wir den Fokus auf Fachhochschulen, finden sich in den DZHW-Daten Anteile von etwa 64 % FH-Informatikstudentinnen aus einem nicht-akademischen Elternhaus im Jahr 2013 und etwa 58 % in 2009.[8]

Aus der Literatur ist bekannt, dass der Anteil an Studierenden aus **akademischem Elternhaus** an Fachhochschulen signifikant niedriger ist als an Universitäten (etwa 40 % im Vergleich zu 56 %) – was für den Zeitraum 2000 bis 2016 als relativ gleichbleibendes Mengenverhältnis beschrieben wird

6 Der Rückgriff auf die Hochschulstatistik für den Status „In- bzw. Ausländerin" ist darin begründet, dass wir dieses Merkmal in der Befragung nicht erfasst haben.

7 Statistisches Bundesamt (Destatis) 2023, Stand: 25.01.2024.

8 Aufgrund der Differenzierung nach Hochschultyp basieren diese Angaben auf sehr niedrigen Fallzahlen (25 bzw. 33 Informatik-Absolventinnen) und können nur als Annäherung an eine Größenordnung interpretiert werden.

(BMBF 2017: 5). In dieser Hinsicht erscheint das Profil der IFI-Studierenden kongruent zum Profil von (Informatik-)Studierenden an Fachhochschulen.[9]

Care-Verantwortung: Studierende mit Kind

Die von uns befragten IFI-Absolventinnen haben ihr Studium im Zeitraum 2000 bis 2017 aufgenommen und jede zehnte IFI-Absolventin hat ihr **Studium mit Kind** abgeschlossen (11 %). Die Sozialerhebungen zur Lage der Studierenden weisen im Jahr 2021 für Deutschland einen Anteil von neun Prozent an studierenden Müttern aus (BMBF 2023: 21). Im vorangegangenen Zeitraum (2013 und früher) lag der Anteil an Frauen, die mit Kind studierten, relativ stabil bei etwa sechs Prozent.[10] Nehmen wir die sechs Prozent als Referenzgröße, so ist der IFI-Anteil an Müttern fast doppelt so groß.

Zusammenfassend lässt sich zu den Profilen von IFI-Studentinnen sagen: Der IFI-Studiengang weist im Hinblick auf die schulische Qualifikation, dem Merkmal Bildungsaufstieg und dem nationalen Status nur sehr geringe bis keine Besonderheiten auf. Im Hinblick auf die Merkmale „Migrationsgeschichte“ und „Studieren mit Kind“ allerdings finden sich deutliche positive Abweichungen: Frauen mit Migrationsgeschichte und Care-Verantwortung sind unter IFI-Studierenden im Vergleich zur Gesamtheit der Informatikstudentinnen überdurchschnittlich häufig vertreten.

Wege ins Studium

Einmündung ins Studium

Rund die Hälfte aller befragten IFI-Absolventinnen (47 %) nahm gleich im Anschluss an die Beendigung der Schule das IFI-Studium auf.

Etwa 16 % haben kurz vor dem IFI-Studium **einen Beruf erlernt** und annähernd so viele (14 %) haben vor Studienbeginn schon gearbeitet. Insgesamt hat jede fünfte IFI-Absolventin (20 %) eine **berufliche Ausbildung** abgeschlossen. Im direkten Vergleich mit den Informatik-Absolventinnen

---

9 Unter Vorbehalt, da keine Zahlen speziell zu (weiblichen) Informatikstudierenden an Fachhochschulen vorliegen.

10 Die Sozialerhebung aus 2012 weist einen Anteil von 6 % studierenden Frauen mit Kind aus und konstatiert, dass dieser Anteil relativ stabil geblieben ist (BMBF 2013: 11). Leider liegen speziell für den Fachbereich Informatik keine Angaben zum Studieren mit Kind vor.

der DZHW-Befragung 2013, von denen jede Dritte (32 %) angibt, einen Beruf erlernt zu haben, ist dieser Anteil unterdurchschnittlich. Die Sozialerhebung unter Studierenden weist für den Zeitraum 2000 bis 2016 unter FH-Studentinnen einen sinkenden Anteil an Studierenden mit Berufsausbildung aus (von 46 % in 2000 auf 31 % in 2016),[11] der jedoch zu jedem Zeitpunkt deutlich über dem IFI-Durchschnittswert von 20 % liegt.

Unter den von den befragten Absolventinnen genannten Ausbildungen dominieren informatikferne, d.h. fachfremde berufliche Qualifikationen: Es finden sich fünf Kauffrauen (eine davon eine Informatikkauffrau), zwei Rechtsanwaltsangestellte, eine Friseurin, eine Sozialassistenz, eine BTA und zwei technische Ausbildungen: eine Elektronikerin und eine Informatikerin Multimedia.

Jede Fünfte (20 %) der befragten IFI-Absolventinnen hat vor Aufnahme des IFI-Studiums etwas anderes studiert. Dieser Anteil deckt sich mit den Angaben zum Studiengangwechsel unter Studierenden insgesamt.[12]

Der geringere Anteil an IFI-Studentinnen mit (einschlägiger) beruflicher Vorbildung ist für einen (Informatik-)Studiengang an einer Hochschule für angewandte Wissenschaften eine Besonderheit. Die in der Kommunikation zur Bewerbung des Studiengangs deutlich kommunizierte Niedrigschwelligkeit des Zugangs (keine Vorerfahrungen erforderlich) scheint mehr als andere Informatik-Studiengänge weibliche Studierendengruppen anzusprechen, die einem Studium der Informatik an einer Fachhochschule auch ohne einschlägige fachliche Vorerfahrung gegenüber offen sind.

Wunschstudiengang

Für drei Viertel der befragten Absolventinnen (77 %) war IFI ihr Wunschstudiengang, knapp ein Viertel hätte gerne etwas anderes studiert.

In der Gruppe derjenigen mit einem anderen Studienwunsch werden in den Kommentaren zum Studienwunsch sehr unterschiedliche Dispositionen sichtbar: von Orientierungslosigkeit bis hin zu sehr konkreten Studierwünschen

---

11 Insgesamt sinkt der Anteil an Studentinnen mit Berufsausbildung von 28 % (2000) auf 20 % (2016) – an Fachhochschulen im selben Zeitraum von 46 % auf 31 % (2021: wieder etwas ansteigend auf 37 %) (BMBF 2023: 49).

12 Die Anteile an Studierenden mit einem Studiengangwechsel liegen 2000, 2006 und 2016 bei etwa 20 % (BMBF 2017a: 16).

in einem breiten Fächerspektrum.[13] Knapp die Hälfte der Frauen mit einem anderen Wunschstudiengang (sieben Personen) hätte gerne einen anderen Studiengang mit Informatikbezug[14] begonnen. Prozentuiert auf die Gesamtheit der Befragten bedeutet das im Umkehrschluss: Acht Prozent der IFI-Absolventinnen sind erst durch das besondere IFI-Studienangebot zur Informatik gekommen und haben so ein Informatikstudium absolviert, obwohl sie ursprünglich keinen Informatik-Studienwunsch hegten.

Motive der IFI-Wahl

Für eine Mehrheit der befragten IFI-Absolventinnen war der **Standort Bremen** (Top-Two-Werte 69 % | ø 2.2)[15] von großer Bedeutung. Ähnlich wichtig war die **internationale Ausrichtung** des IFI-Studiengangs (Top-Two-Werte 66 % | ø 2.2) und die **Studieninhalte** (Top-Two-Werte 64 % | ø 2.2).

Abbildung 2: Motive der Entscheidung für den IFI-Studiengang.

---

[13] Die Einzelnennungen beziehen sich auf BWL, Lehramt, Wirtschaftspsychologie und Nautik.

[14] In drei von sieben Fällen wird in diesem Zusammenhang Medieninformatik genannt.

[15] Gemessen mittels einer 5er-Skala mit verbalisierten Polen von 1: sehr große Rolle bis 5: gar keine Rolle.

Auch **Arbeitsmarktgesichtspunkte** waren einer Mehrheit der IFI-Absolventinnen (sehr) wichtig (Top-Two-Werte 63 % | ø 2.3). Sogar etwas wichtiger als den DZHW-Vergleichsgruppen.[16]

Unter den IFI-Absolventinnen sind es vor allem diejenigen mit **Migrationsgeschichte**, für die Arbeitsmarktgesichtspunkte mit 76 % (ø 1.8) eine signifikant größere Rolle spielten als für ihre ehemaligen Kommilitoninnen (ø 2.6).

Die **Zugangsvoraussetzungen** (Top-Two-Werte 58 % | ø 2.5) und die **monoedukative Ausrichtung** (Top-Two-Werte 42 % | ø 3.2) waren insgesamt seltener von großer Bedeutung.

Für Absolventinnen mit Migrationsgeschichte waren die vergleichsweise niedrigen Zugangsvoraussetzungen des IFI-Studiengangs jedoch besonders relevant: Zu 76 % (ø 1.9) gewichten sie diese signifikant höher als Absolventinnen ohne Migrationsgeschichte (ø 2.8).

> *„Ich fand es besonders gut, dass es hieß, man bräuchte keine IT-Kenntnisse. Bei z.B. technischer Informatik hieß es, es wäre gut, wenn man über Grundkenntnisse verfügt.“ (ID 33)*

Abbildung 3: Motive der Entscheidung für den IFI-Studiengang nach Migrationshintergrund.

[16] Sowohl die DZHW-Absolventinnen des Jahrgangs 2013 (Top-Two-Werte 53 % | ø 2.6) als auch die des Jahrgangs 2009 (Top-Two-Werte 55 % | ø 2.5) gewichten Arbeitsmarktgesichtspunkte etwas geringer als die IFI-Absolventinnen.

In der Rangfolge der abgefragten fünf Motive für die Wahl des IFI-Studiengangs steht Monoedukation an letzter Stelle. Informatik im Rahmen eines Frauenstudiengangs zu studieren war aber immerhin für zwei von fünf Absolventinnen wichtig bei der Entscheidung für diesen Studiengang. Für ähnlich viele war dieser Aspekt eher unwichtig.

„Ich hätte mich nie getraut, IFI auszuwählen, wenn es nicht für Frauen wäre, obwohl ich schlauer und sehr gut in der Schule war und ich Informatik als Fach schaffen könnte." (ID 114)

Die Absolventinnen hatten die Möglichkeit, im Fragebogen weitere Motive und Aspekte ihrer Studienwahl zu ergänzen. Aus der inhaltlichen Analyse dieser offenen Nennungen lässt sich der hohe Stellenwert eines **„geschützten Lernraums"** destillieren. Für dessen positive Wirkung – nämlich der Anmutung der Machbarkeit eines Studiums der Informatik – sind laut Einschätzung einiger Absolventinnen sowohl die niedrige Zugangsschwelle, als auch die monoedukative Ausrichtung und die geringe Größe des IFI-Studiengangs konstitutiv. Im Erstkontakt mit dem IFI-Studiengang kann dieses Merkmalsbündel die Sorge minimieren, den Studienanforderungen möglicherweise nicht gewachsen zu sein und damit die Wahl des IFI-Studiengangs befördern.

„Für mich war es wichtig zu verstehen, dass ich mein Studium erfolgreich abschließen kann. Daher gab mir die Tatsache, dass für den Studienbeginn keine Vorkenntnisse erforderlich sind und es sich um einen Frauenstudiengang handelt, die Gewissheit, dass ich es schaffen könnte." (ID 29)

„Es gab eine Infoveranstaltung, die für mich ausschlaggebend war. Ich hatte großen Respekt vor einen Informatikstudium. Die Infoveranstaltung hat mir die Angst genommen. Ohne hätte ich Soziale Arbeit studiert" (ID 39)

Die geringe Größe des Studiengangs war für Einige das von außen wahrnehmbare Versprechen einer familiären Atmosphäre, des Lernens in kleinen Gruppen und der „Nahbarkeit" von Lehrenden und Mit-Studierenden.

"To be able to learn in a small group, was very important to me." (ID 85)

„Die Größe des Studiengangs war ein weiter Grund für meine Wahl, da ein engerer Kontakt mit Dozenten/Professoren mehr Feedback ermöglicht." (ID 70)

*„Die Anzahl der Studentinnen war für mich besonders wichtig. Nach dem Abitur wollte ich ungern an der Uni studieren. Ich habe gedacht, wenn ich schon etwas Technisches studiere, dann benötige ich Praxiserfahrungen und Unterstützung. Bei der Anzahl der Student*innen an der Uni wäre ich untergegangen. Ferner dachte ich mir, anstatt unter vielen Männern im Hörsaal zu sitzen, habe ich lieber Frauen um mich herum."* (ID 55)

Zusammenfassung

IFI-Absolventinnen weisen seltener eine berufliche Vor- bzw. Ausbildung auf als Informatikstudentinnen in anderen FH-Studiengängen. Zudem dominieren unter den beruflichen Ausbildungen fachfremde berufliche Qualifikationen. Die im Vergleich zu anderen Studierendengruppen (insbesondere an Hochschulen für angewandte Wissenschaften) unterdurchschnittliche berufliche Vorbildung legt nahe, dass IFI (auch) Studieninteressentinnen anspricht, die noch kein eindeutiges (IT-)technisches Fachprofil ausgebildet haben.

Für Absolventinnen mit Migrationsgeschichte sind Arbeitsmarktgesichtspunkte und der niedrigschwellige Zugang zum Studium von größerer Bedeutung als für ihre Kommilitoninnen. Die höhere Gewichtung von Arbeitsmarktgesichtspunkten verweist auf eine stärker extrinsisch motivierte Studienwahl (u.a. Stiftung Mercator 2017: 4) und möglicherweise auf die Intention, über das Studium einen gesellschaftlichen bzw. sozialen Aufstieg zu erlangen.

Die Motive der Studienwahl sind breit gefächert: Neben dem Standort, den Studieninhalten und der internationalen Ausrichtung, spielen Arbeitsmarktgesichtspunkte eine bedeutsame Rolle, insbesondere für die Studentinnen mit Migrationsgeschichte. Was die Zugangsvoraussetzungen und die monoedukative Ausrichtung angeht, so zeigt sich in diesen Aspekten der Studienganggestaltung eine hohe Heterogenität der Absolventinnen – und damit die Fähigkeit eines Studiengangkonzepts, breite Studentinnengruppen zu attrahieren.

Fazit

Frauen mit Migrationsgeschichte und Care-Verantwortung sind unter IFI-Studierenden im Vergleich zur Gesamtheit der Informatikstudentinnen überdurchschnittlich häufig vertreten.

IFI-Absolventinnen weisen seltener eine berufliche Vor- bzw. Ausbildung auf als Informatikstudentinnen in anderen FH-Studiengängen. Zudem dominieren unter den beruflichen Ausbildungen fachfremde berufliche Qualifikationen.

Für die Mehrheit der IFI-Absolventinnen war der IFI-Studiengang ihre erste Wahl. Nur eine Minderheit hätte einen anderen Studiengang präferiert. Auf Basis der Ergebnisse hatte in etwa jede zwölfte IFI-Absolventin einen anderen, informatikfernen Studienwunsch und ist durch das Angebot des IFI-Studiengangs in die Informatik gewechselt.

Das Gesamtkonzept des Studiengangs am Standort Bremen überzeugt: In der Kombination der inhaltlichen Angebote und der formalen Anforderungen und Strukturen erschließt der IFI-Studiengang breite Studentinnengruppen. Neben den Studieninteressentinnen mit einem klaren IT-Interessenprofil entscheiden sich auch diejenigen für ein IFI-Studium, die fachlich noch nicht so eindeutig entschlossen sind.

Für Studieninteressierte mit Migrationsgeschichte bietet IFI mit einer niedrigschwelligen Ausrichtung einen leichteren Zugang und mit der einschlägigen Orientierung an einer arbeitsmarktkonformen Qualifizierung einen für diese Gruppe sehr hohen Attraktivitätsfaktor.

Junge Frauen mit Migrationsgeschichte sind am Standort Bremen und für die Hochschule Bremen aufgrund eines hohen Bevölkerungsanteils mit Migrationsgeschichte eine relevante Zielgruppe, die positiv auf das IFI-Studiengangkonzept anspricht. Für Hochschulstandorte mit einer ähnlichen Bevölkerungsstruktur könnte ein ähnliches Konzept ebenfalls zur Erschließung heterogener (weiblicher und migrantischer) Zielgruppen beitragen.

Literatur

BMBF (Hrsg.) (2013): Die Studierendenbefragung in Deutschland 2012: 20. Sozialerhebung.[17]

BMBF (Hrsg.) (2017): Die Studierendenbefragung in Deutschland 2016: 21. Sozialerhebung.

[17] Alle Sozialerhebungen sind auf den Seiten der DZHW unter <https://www.dzhw.eu/forschung/projekt?pr_id=650> abrufbar (Zugriff am 26.07.2024).

BMBF (Hrsg.) (2017a): Studiensituation und studentische Orientierungen. Zusammenfassung zum 13. Studierendensurvey an Universitäten und Fachhochschulen. Online abrufbar: <https://www.bmbf.de/SharedDocs/Publikationen/de/bmbf/4/31379_Studierendensurvey_Ausgabe_13_Zusammenfassung.pdf?__blob=publicationFile&v=4> (Zugriff am 24.07.2024).

BMBF (Hrsg.) (2023): Die Studierendenbefragung in Deutschland 2021: 22. Sozialerhebung.

Statistisches Bundesamt (Destatis) (2023): Statistik der Prüfungen: Prüfungen an Hochschulen: Deutschland, Jahre, Nationalität, Geschlecht, Prüfungsergebnis, Studienfach. Stand: 25.01.2024

Stiftung Mercator (2017): Ursachen des Studienabbruchs bei Studierenden mit Migrationshintergrund. Zentrale Ergebnisse. Abrufbar unter: <https://www.stiftung-mercator.de/content/uploads/2020/12/Ursachen_des_Studienabbruchs_bei_Studierenden_mit_Migrationshintergrund_Kurzfassung.pdf> (Zugriff am 26.07.2024).

Verbleibstudie 2. Teil – Der Blick zurück: Studienerfahrungen von IFI-Absolventinnen

Lore Funk
funk@kompetenzz.de

Lars Prädel
lars.praedel@hs-bremen.de

Im Rahmen der Verbleibstudie widmet sich der „Blick zurück" den Fragen, wie Absolventinnen nach ihrem Studienabschluss und mehrjähriger Berufserfahrung ihr IFI-Studium beurteilen und wie sie die konkreten strukturellen und inhaltlichen Bedingungen des Studiums (wie zum Beispiel Monoedukation, Internationalität, Vorbereitung auf die Praxis) bewerten. Besonders bedeutsam im Sinne eines nachhaltigen Studieneffekts sind in diesem Zusammenhang die Bindung an IFI als Studiengang sowie der Grad der Identifikation mit der Informatik als Berufsfeld.

LOOKING BACK: RECONSTRUCTING STUDY EXPERIENCES OF IFI GRADUATES

SUMMARY

As part of the retention study, the "look back" is dedicated to the questions of how graduates assess their IFI studies after graduation and several years of professional experience. How exactly do they evaluate the specific structural and content-related conditions of the course (such as mono-education, internationality, practical orientation)? Particularly important in terms of a sustainable study effect are the loyalty to IFI as a degree program and the identification of the graduates with computer science as a professional field.

The study experiences of female IFI graduates are reconstructed on the basis of the survey data and classified using the comparative values of the DZHW survey of female computer science graduates from conventional degree programs. The results show that IFI graduates are extremely positive about their studies. The study conditions of the IFI degree program provide a good setting for fundamentally positive study experiences. The teaching of basic skills for everyday working life is successful. In retrospect, the professional preparation and the practice of professional action are relative weak points. However, in comparison to female computer science graduates from other degree programs, IFI graduates still rate their degree program significantly better in this respect.

The IFI degree program is very successful in conveying and strengthening the professional self-concept as a computer scientist, particularly in comparison to other computer science degree programs. The professional socialization during the course has a positive effect on the intention of IFI graduates to re-select the career field of computer science and thus creates a basic condition for remaining in IT.

Einleitung

Die Befragung von IFI-Absolventinnen zu ihren Studienerfahrungen leistet einen Beitrag zur Schließung einer seit mehreren Jahren bestehenden Forschungslücke: Mischau verweist bereits 2004 auf die Notwendigkeit, Praktikums- und Berufserfahrungen von Absolventinnen monoedukativer Studienformate empirisch zu erfassen, um sie in die Diskussion um die Funktionalität von Monoedukation in Hochschulen einzubeziehen (Mischau 2004: 19). Die positiven Erfahrungen der Women's Colleges in den USA (Smith 1990, Metz-Göckel/Steck 1997) sind wegen der unterschiedlichen Akzeptanz von Monoedukation in den verschiedenen Ländern nicht per se übertragbar, gleichwohl regen auch sie dazu an, die Frage nach dem Einfluss monoedukativer Formate auf den Berufserfolg von Frauen zu stellen.

Die übergeordnete Leitfrage der Studie lautet: Gelingt es im monoedukativen Studienformat besser, Frauen zur Berufstätigkeit in männlich dominierten Arbeitsfeldern des Bereichs „Informatik und Technik" umfassend (über die Vermittlung von adäquaten hard und soft skills) zu qualifizieren? Der Begriff „besser" beinhaltet eine vergleichende Perspektive mit Absolventinnen aus gemischtgeschlechtlichen Informatik-Studiengängen: Um die Ergebnisse der IFI-Absolventinnen im Vergleich einordnen zu können, greifen wir auf Informatik-Absolventinnen des DZHW-Absolventenpanels als Vergleichsgruppe zurück.[1]

In diesem Beitrag fokussieren wir auf die Studienerfahrungen von IFI-Absolventinnen und fassen die wichtigsten Ergebnisse der Befragung unter besonderer Berücksichtigung der Monoedukation zusammen.[2] Der Blick zurück von IFI-Absolventinnen, die subjektive Retrospektive des Studiums, erfolgt vor dem Hintergrund bereits erlangter Berufserfahrungen und impliziert somit immer eine Art „Praxisbrille", durch die die Studienerfahrungen gefiltert betrachtet werden. Insbesondere für die Beurteilung der im Studium erworbenen Qualifikationen ist dies eine fruchtbare Perspektive.

---

1 Für genauere Informationen siehe die Methodenbeschreibung zur Studie.

2 Die Berufserfahrungen von IFI-Absolventinnen bilden den inhaltlichen Schwerpunkt des Kapitels „XY" in diesem Tagungsband.

Die Studienerfahrung insgesamt, die Rekonstruktion von Stärken und Schwächen des Studiengangs vor dem Hintergrund beruflicher Erfahrungen sowie eine Reflektion hilfreicher, den Studienerfolg begünstigender Faktoren bilden die inhaltlichen Schwerpunkte dieses Kapitels.

Der Begriff „Studienerfolg“ hat, ähnlich wie beruflicher Erfolg, mehrere Facetten. Der Erwerb eines Hochschulabschlusses und eine gute Abschlussnote sind sichtbare Indikatoren für eine angemessene fachliche Qualifikation und damit unmittelbare Manifestationen des Studienerfolgs. Die (fachliche) Sozialisation im Rahmen eines Studiums wird dagegen nicht sofort sichtbar, ist jedoch eine wichtige Bedingung für den weiteren Berufsweg: Sowohl die Identifikation mit dem Berufsfeld, den dem Berufsfeld eigenen Problemdefinitionen und Lösungswegen und dem professionellen Habitus der Akteurinnen und Akteure[3] als auch das professionelle Selbstkonzept, die Überzeugung, in diesem Berufsfeld gut bestehen zu können, gehören im Idealfall zu den im Studium vermittelten Haltungen. Für weibliche Studierende in der Informatik, einem immer noch männlich konnotierten Fachgebiet, gestaltet sich die fachliche Sozialisation nicht zuletzt aufgrund von Genderstereotypen komplexer und anspruchsvoller als für ihre männlichen Kommilitonen.[4] Die enge Verknüpfung von Technik und Männlichkeit bringt für den männlichen Teil der Gesellschaft tendenziell automatisierte, im Stereotyp begründete Fähigkeitszuschreibungen mit sich. Frauen dagegen müssen häufig Zuschreibungen von außen parieren, die ihre Technikkompetenz in Frage stellen und gleichzeitig ihr Fähigkeitsselbstkonzept[5] entgegen den vorherrschenden Überzeugungen ausbauen und erhalten (vgl. Förtsch et al. 2018).

---

3 Vgl. beispielsweise Huber, der im Kontext einer wissenschaftlichen Perspektive auf die Hochschulsozialisation „die Wahrnehmungs-, Denk-, Bewertungs- und Handlungsmuster der Angehörigen einer Gruppe, hier einer Disziplin, in den Vordergrund rückt.“ (Huber 1991: 422).

4 Geschlechterforschung widmete sich im Zusammenhang mit beruflicher Orientierung ausführlich der stereotypen Verknüpfung von Technik und Männlichkeit (vgl. stellvertretend das 5. Symposium zur Geschlechterforschung 2000).

5 Das Fähigkeitsselbstkonzept ist Teil des Selbstkonzepts einer Person und beinhaltet alle kognitiven Annahmen über die eigenen Fähigkeiten (siehe Dorsch Lexikon der Psychologie, online verfügbar unter: <https://dorsch.hogrefe.com/stichwort/faehigkeitsselbstkonzept>, Zugriff am 29.07.2024).

Im Kontext der männlich konnotierten Informatik und der Diskussion um wirksame Ansätze der Gewinnung von Frauen für die Informatik gehen wir in diesem Beitrag auch der Frage nach, ob eine monoedukative Lernumgebung Frauen einen leichteren Zugang zur Informatik ermöglicht. Oder ist ein Frauenstudiengang – so eine mögliche Kritik – eher ein wirklichkeitsfremder Schonraum, der sogar den Verdacht eines Studiums „zweiter Klasse" befördert und sich damit potenziell negativ auf das fachliche Selbstkonzept der Absolventinnen auswirken kann?

Alles in allem: IFI bietet eine positive Studienerfahrung

Als Kennzahlen für eine positive Studienerfahrung dienen zum einen die Gesamtzufriedenheit mit dem Studium, die Freude am Studium sowie die Bereitschaft zur Wiederwahl des Studiengangs und der Hochschule.

Gefragt danach, wie zufrieden sie mit dem IFI-Studium alles in allem sind, weisen IFI-Absolventinnen mehrheitlich eine hohe Zufriedenheit auf: Mehr als ein Viertel von ihnen ist sehr zufrieden (27 %), knapp die Hälfte ist zufrieden (48 %) – auf die beiden positiven Ausprägungen der 5er-Antwortskala (Top-Two-Wert) entfallen somit 75 %.[6]

Die Freude am Studium liegt – im Vergleich zur Zufriedenheit mit dem Studium – unter den IFI-Absolventinnen mit 86 % (Top-Two-Wert; ø 1.8)[7] auf einem noch höheren Niveau. Die DZHW-Vergleichsgruppe von Informatikabsolventinnen von 2013 hat lediglich zu 71 % Spaß am Studium gehabt (ø 2.1).

---

6 Auf einer 5er-Zufriedenheitsskala mit verbalisierten Endpolen (1 = sehr zufrieden und 5 = unzufrieden) wählt keine der Befragten den Code 5, 6 % entfallen auf Code 4 und 17 % auf Code 3.

7 Top-Two-Werte einer 5er-Skala mit verbalisierten Polen von 1 = trifft völlig zu bis 5 = trifft gar nicht zu.

Abbildung 1: Zufriedenheit und Freude am Studium im Vergleich.

Die Absicht zur Wiederwahl ist ein starker Indikator für die Bindung eines Studierenden sowohl an den Studiengang als auch an die Hochschule. Die befragten IFI-Absolventinnen weisen mit 72 % mehrheitlich eine hohe Bereitschaft auf, das Studienfach IFI wiederzuwählen (ø 1.9). Die weibliche DZHW-Vergleichsgruppe bringt im Hinblick auf die Wiederwahl des Studienfachs einen etwas schlechteren Wert (Top-Two-Werte 67 % | ø 2.1) hervor.

Auch die Bereitschaft zur Wiederwahl der Hochschule Bremen ist unter IFI-Absolventinnen sehr hoch: Mehr als acht von zehn IFI-Absolventinnen würden sie wieder wählen (Top-Two-Werte 84 % | ø 1.6). Wie hoch die Bindung an die HS Bremen ist, wird im Vergleich besonders deutlich: Nur etwas mehr als die Hälfte der Vergleichsgruppe von Informatikabsolventinnen der DZHW-Befragung (Top-Two-Werte 58 % | ø 2.2) würden sich erneut für ihre ehemalige Hochschule entscheiden.

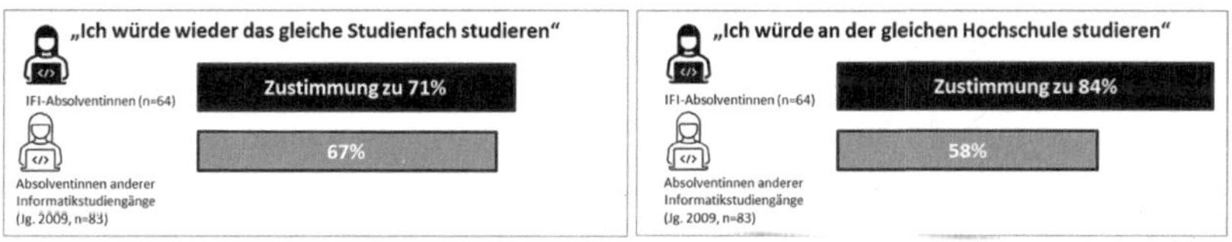

Abbildung 2: Bereitschaft zur Wiederwahl des Studiengangs und der HS im Vergleich.

Die hier aufgeführten Kennzahlen stehen für eine positive Studienerfahrung der IFI-Absolventinnen – positiver als die Studienerfahrung anderer Informatik-Absolventinnen. Im folgenden Abschnitt werden einzelne Aspekte des Studiums genauer betrachtet sowie eine detailliertere Stärken-Schwächen-Struktur des Studiengangs aus der Absolventinnenperspektive rekonstruiert und eingeordnet.

Genauer betrachtet: Stärken-Schwächen-Profil des Studiengangs

Eine systematische Bewertung einzelner Aspekte des IFI-Studiengangs bringt ein relativ eindeutiges Stärken-Schwächen-Profil[8] hervor:

Stärken	**Durchschnitte 5er Skala**
Kontakte zu Lehrenden	1,4
Gute Atmosphäre im Studium	1,5
Fachliche Beratung und Betreuung	1,7
Vermittlung der Identifikation mit der Informatik	1,8
Relative Schwächen	
Vorbereitung auf den Beruf	2,3
Einübung beruflich-professionellen Handelns	2,5
Fachliche Vertiefungsmöglichkeiten	2,5

Herausragende Stärke des IFI-Studiengangs: Eine positive Lernatmosphäre

Die Stärken des IFI-Studiengangs liegen demnach in den intensiven Kontakten zu den Lehrenden und der guten Atmosphäre während des Studiums – jeweils über 90 % geben hier eine positive Bewertung ab (siehe die folgende Abbildung „Drei Stärken in der Gegenüberstellung"). Mit über 80 % erhält auch die fachliche Beratung und Betreuung eine sehr gute Bewertung.

[8] Das hier dargestellte Stärken-Schwächen-Profil operiert nicht mit absoluten Werten, sondern mit der Relativität der Bewertungen einzelner Aspekte: Welche Aspekte erhalten von IFI-Absolventinnen bessere bzw. schlechtere Einschätzungen? In der folgenden Gegenüberstellung mit den DZHW-Vergleichsgruppen erscheinen die relativen Schwächen in einem positiveren Licht.

Für die Lehrenden, die Qualität der Kontakte und ihre Beratungs- und Betreuungsleistung liegen Vergleichswerte der Informatikabsolventinnen der Jahre 2009 aus dem DZHW-Panel vor. Die entsprechenden Bewertungen fallen deutlich niedriger aus und zeigen, wie überdurchschnittlich positiv IFI-Absolventinnen in dieser Hinsicht ihre Studienerfahrungen bilanzieren.

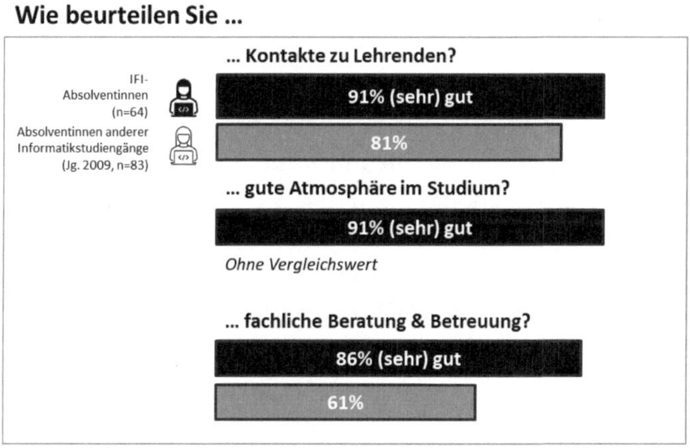

Abbildung 3: Drei Stärken in der Gegenüberstellung.

Die drei Aspekte „gute Atmosphäre im Studium", „Kontakte zu Lehrenden" und „fachliche Beratung und Betreuung" korrelieren signifikant miteinander und können, auf Grundlage der offenen Nennungen der Absolventinnen, als konstituierende Elemente einer positiven Lernumgebung verstanden werden. In ihren eigenen Worten beschreiben IFI-Absolventinnen eine positive und vertrauensvolle (Lern-)Atmosphäre während des Studiums, die zum einen auf dem Engagement der Lehrenden und zum anderen auf einer Didaktik der Angstfreiheit und Fehlerfreundlichkeit beruht:

„Es war einfach wunderbar alle Fragen stellen zu können:)" (ID 90)

„Die Anfangszeit des Studiums und die Unterstützung von Dozenten, Tutorinnen und Studiengangsleitung! Die kleinen Gruppen ermöglichen es, eine ***Lernatmosphäre*** *zu schaffen in der man gut Neues erleben kann!" (ID 66)*

„Wir waren eine eingeschworene Gemeinschaft, in der ***es erlaubt war, Fehler*** *zu machen – und wir uns gegenseitig geholfen haben." (ID 37)*

Die große Bedeutung des Gefühls von Sicherheit in Arbeits- und Lernumgebungen hat Amy Edmondson mit dem Begriff „Psychological Safety“ ausführlich beschrieben (Edmondson 2018): Eine vertrauensvolle Lernatmosphäre schafft einen sicheren Rahmen und befördert den Lernerfolg.

Stärkung des fachlichen Selbstkonzepts: Vermittlung der Identifikation mit der Informatik

Im Rahmen des IFI-Studiengangs entwickeln die Studentinnen ein gutes fachliches Selbstkonzept: 80 % der IFI-Absolventinnen sind der Ansicht, dass im Studium die Identifikation mit der Informatik (sehr) gut vermittelt wird.

Wie gut die Vermittlung der Identifikation mit der Informatik im Sinne einer fachlichen Sozialisation gelingt, lässt sich auch aus der Bereitschaft zur Wiederwahl des Berufsfeldes ablesen: Acht von zehn IFI-Absolventinnen würden den gleichen Beruf wieder wählen (ø 1.7). Die Vergleichswerte der DZHW-Informatikabsolventinnen liegen mit 59 % (ø 2.2) deutlich unter diesem hohen Niveau.

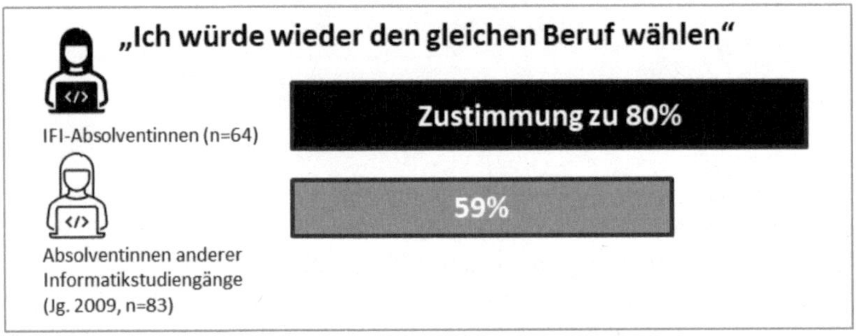

Abbildung 4: Bereitschaft zur Wiederwahl des Berufs im Vergleich.

Relative Schwächen des IFI-Studiengangs: Vorbereitung auf die Berufspraxis[9]

Aus Sicht der IFI-Absolventinnen lassen sich folgende relative Schwächen des Studiums rekonstruieren: eine unzureichende Vorbereitung auf den Beruf

[9] Mit der dualen Struktur des Studiengangs (die erst seit 2016 als Option besteht) hat IFI aktuell eine gute Praxisverschränkung erreicht. Die Angaben der IFI-Absolventinnen beziehen sich auf die Studiengangstrukturen bis 2017.

(Top-Two-Wert 58 %) und Einübung beruflich-professionellen Handelns (Top-Two-Wert: 46 %) sowie fehlende fachliche Vertiefungsmöglichkeiten (Top-Two-Wert 45 %).

Die beiden relativen Schwächen „Vermittlung beruflich-professionellen Handelns“ und „Vorbereitung auf den Beruf“ korrelieren am stärksten mit der Gesamtzufriedenheit,[10] sind also auch in der Wahrnehmung der IFI-Absolventinnen wichtige Anforderungen an die Leistung eines Studiengangs.

In der vergleichenden Perspektive wird sichtbar, dass die auf Basis der Bewertungen von IFI-Absolventinnen identifizierten Stärken und Schwächen strukturgleich mit den Bewertungen von Informatikabsolventinnen des Jahrgangs 2009 im DZHW-Panel sind. Auch diese sind eher zufrieden mit den Kontakten zu den Lehrenden und der fachlichen Beratung und Betreuung und eher unzufrieden mit der Vorbereitung auf den Beruf und der Einübung beruflichen Handelns während des Studiums. Allerdings bewerten IFI-Absolventinnen fast durchgängig auf allen Dimensionen deutlich besser als die Vergleichsgruppen. Besonders groß ist die Abweichung bei der Einübung beruflichen Handelns, eine Fähigkeit, die zwar aus Sicht der IFI-Absolventinnen eine relative Schwäche darstellt, jedoch – im Vergleich zu den im DZHW befragten Informatikabsolventinnen des Jahrgangs 2009 – im IFI-Studiengang scheinbar deutlich besser vermittelt worden ist als in konventionellen Informatikstudiengängen. Die Bewertung der fachlichen Vertiefungsmöglichkeiten fällt demgegenüber sehr einheitlich aus, eine relative Schwäche sowohl innerhalb der IFI-Absolventinnen als auch in den DZHW-Vergleichsgruppen.

10 Korrelations-Koeffizienten Spearman-Rho für Vorbereitung auf den Beruf 0,695 und Einübung beruflichen Handelns 0,527.

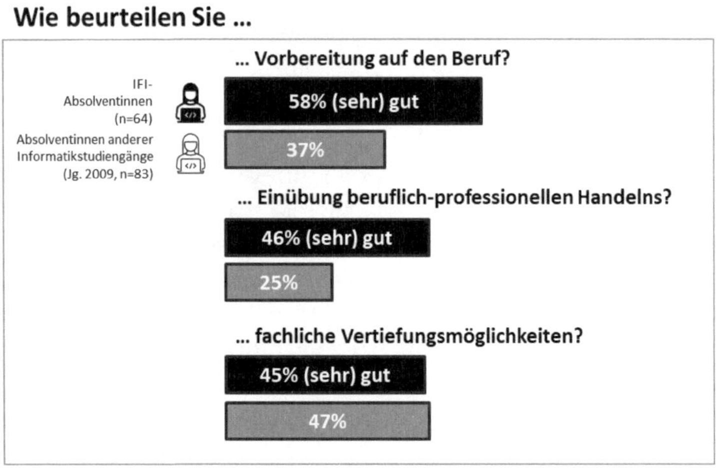

Abbildung 5: Drei Schwächen in der Gegenüberstellung.

Trotz deutlich positiverer Einordnung im Vergleich zu anderen Informatikabsolventinnen bleibt die Dimension der Praxis im Rückblick der IFI-Absolventinnen eine relative Schwäche und bedarf einer Konkretisierung: Welche konkreten Defizite nehmen IFI-Absolventinnen wahr?

Hinweise zur Beantwortung dieser Frage finden sich in einer offenen Abfrage der wahrgenommenen Schwächen. Die meisten Einzelnennungen können der Kategorie **„Vorbereitung auf Berufspraxis nicht ausreichend"** zugeordnet werden (17 %). Allerdings ist die Kategorie insgesamt inhaltlich heterogen gefüllt. Die Einzelnennungen entfallen auf ein breites Spektrum, weil sehr unterschiedliche Aspekte als defizitär empfunden werden. Sie reichen von basaler Programmierpraxis bis zum Vertrautmachen mit Haltungen bzw. Prozessen des Arbeitslebens sowie Selbstbehauptung in einer männlich dominierten Arbeitswelt. Trotz heterogener Antworten kristallisiert sich auf Basis der Kommentierungen im Fragebogen sowie den Ergebnissen der vorgelagerten Gruppendiskussion mit IFI-Absolventinnen heraus: IFI-Absolventinnen sehen die fachliche Qualifikation, insbesondere die Programmierkenntnisse, als optimierbar an. Während Grundlagenkenntnisse über das sogenannte Hamstern[11] gut vermittelt werden konnten, sei die Programmierung auf

[11] Das „Hamstern" bezeichnet eine populäre Lernumgebung zum Einstieg in die Programmiersprache Java, die im Studiengang im Zeitraum von 2000 bis 2012 genutzt wurde.

höherem Niveau zu kurz gekommen. Das Motiv der unzureichend vermittelten Programmierkenntnisse taucht in den offenen Fragen der Online-Befragung der Absolventinnen vermehrt auf:

> *„Das tatsächliche Entwickeln (programmieren) von Software hat man eigentlich erst (zumindest trifft das auf mich zu) im Praktikum gelernt. Ausnahme hier Prozedurale Programmierung (Hamster).“ (ID 64)*

> *„Nach dem Studium habe ich eine Weiterbildung für Akademiker absolviert, damit ich das Programmieren richtig lernen konnte.“ (ID 55)*

Die subjektive Wahrnehmung eines Defizits in der fachlichen Qualifikation, konkret den Programmierkenntnissen, kann möglicherweise auf die Niedrigschwelligkeit des Zugangs zur Informatik zurückgeführt werden.

Als Stärken des Studiengangs halten wir fest: Eine positive Lernatmosphäre, sehr gute Kontakte zu Lehrenden und eine ebensolche (fachliche) Betreuung. Die Vermittlung der Identifikation mit der Informatik als Fachgebiet gelingt unter diesen Bedingungen sehr gut. Als relative Schwächen lassen sich aus den Bewertungen der IFI-Absolventinnen die Vorbereitung auf den Beruf, die Einübung beruflichen Handelns und fachliche Vertiefungsmöglichkeiten ableiten.

Der folgende Abschnitt greift das Thema der Qualifizierungsleistung des IFI-Studiengangs auf und geht systematisch auf das (subjektiv wahrgenommene) Fähigkeitsprofil von IFI-Absolventinnen ein: Ihren persönlichen Abgleich aus beruflichen Anforderungen und den im Studium erlangten Qualifikationen.

Reality-Check: Wie gut qualifiziert IFI seine Absolventinnen?

Für einen retrospektiven Abgleich der im Studium erworbenen Qualifikationen mit den Anforderungen der Berufspraxis schätzten IFI-Absolventinnen ein, wie wichtig ausgewählte Kenntnisse und Fähigkeiten für ihre erste berufliche Tätigkeit nach Abschluss des Studiums waren und in welchem Maße sie beim Abschluss ihres IFI-Studiums über diese verfügten.

In der Bewertung, wie **wichtig einzelnen Kenntnisse und Fähigkeiten** im Kontext der ersten beruflichen Tätigkeit waren, stehen unter den

IFI-Absolventinnen die Problemlösungsfähigkeit (ø 1.4), die Anwendung vorhandenen Wissens auf neue Probleme (Wissenstransfer) (ø 1.5), die Fähigkeiten zur Kommunikation (ø 1.7), Kooperation (ø 1.7) und Organisation (ø 1.8) sehr weit oben (vgl. folgende Abbildung). Mit Ausnahme der Problemlösungsfähigkeit, die aus Sicht von IFI-Absolventinnen als Top-Qualifikationserfordernis gilt, zeigt sich eine relativ hohe Übereinstimmung mit den Einschätzungen der Vergleichsgruppe von Informatik-Absolventinnen.[12]

Die Einschätzung der Absolventinnen dazu, welche Fähigkeiten im Berufsalltag relevant sind, deckt sich auch mit der Unternehmensperspektive: Zum Einen gewinnen Soft Skills – insbesondere die Arbeits- und Lernmotivation – sehr an Bedeutung. Auch die Passung zum Team, und damit unter anderem die Kommunikations- und Kooperationsfähigkeit, spielen nach Aussage der Unternehmen bei der Personalauswahl eine große Rolle. Das Agile Arbeiten als eine in den befragten Unternehmen bewährte Form der Arbeitsorganisation mit einer strukturellen Aufwertung der Teamverantwortlichkeit befördert eine höhere Gewichtung von Kommunikations- und Kooperationsfähigkeiten.

Demgegenüber variiert der Stellenwert fachlicher Qualifikationen in Abhängigkeit vom Bedarf des jeweiligen Unternehmens. Insgesamt zeigt sich in den Gesprächen mit den Unternehmen zum einen eine große Offenheit für Investitionen in unternehmensspezifischen Kompetenzaufbau von Fachkräften. Nicht zuletzt ist diese Haltung dem Mangel an qualifizierten Fachkräften geschuldet, dem sich die Unternehmen unter anderem mit einer höheren Bereitschaft zu einem unternehmens- und fachspezifischen Invest stellen.

Sehr auffällig ist, dass IFI-Absolventinnen alle ihre im Studium erworbenen Fähigkeiten im Hinblick auf die Anforderungen der Berufspraxis als nicht genügend bewerten – ebenso wie die Vergleichsgruppe aller Informatikabsolventinnen des Jahrgangs 2009. Die Abweichung der Qualifizierung an den Hochschulen von den Anforderungen der Berufspraxis erscheint als eine strukturelle Wahrnehmung bzw. Erfahrung der Einmündung

[12] Unter den DZHW-Absolventinnen rangiert Problemlösungsfähigkeit nach Wissenstransfer, Kommunikationsfähigkeit und Zeitmanagement an vierter Stelle. Im Hinblick auf die Wichtigkeiten sehen wir von der Darstellung der genauen Werte der Vergleichsgruppe ab.

in den Beruf. Interpretierbar sind dann eher die graduellen Unterschiede, die sich in der Größe des Skill-Gaps ausdrücken.

Unter den wichtigsten Anforderungen der Berufspraxis weisen die **Kooperations- und Organisationsfähigkeit** die geringste Abweichung zwischen der beruflichen Anforderung und der Qualifizierung im Studium auf. In fast allen wichtigen Top-Skills (mit Ausnahme der Organisationsfähigkeit: hier verorten sie sich auf demselben Niveau wie die Vergleichsgruppe) schätzen IFI-Absolventinnen sich besser ein als die Absolventinnen der Vergleichsgruppe.

Das Fach- und Grundlagenwissen wird im Hinblick auf die berufliche Relevanz etwas nachgeordnet. Während das Fachwissen von IFI-Absolventinnen als relativ stark defizitär im Abgleich mit den Anforderungen der Berufspraxis wahrgenommen wird, scheint das Grundlagenwissen den Anforderungen gerecht zu werden. Die Abweichungen zwischen dem Soll als berufliches Erfordernis und dem Haben als im Studium erlangte Qualifikation sind über fast alle Skills sichtbar, mit der höchsten Differenz beim Fachwissen. Auch ist das Fachwissen die einzige Qualifikation, die DZHW-Absolventinnen deutlich besser bewerten als IFI-Absolventinnen.

Abbildung 6: Relevanz und Verfügbarkeit von Fähigkeiten.

Diese kritische Sichtweise schließt an die bereits herausgestellte kritische Wahrnehmung der Vorbereitung auf die Berufstätigkeit durch den IFI-Studiengang an. Die Gegenüberstellung mit den Einschätzungen der DZHW-Informatikabsolventinnen in der vergleichenden Perspektive relativiert einerseits die Wahrnehmungen der IFI-Absolventinnen und verweist auf ein systemisches Theorie-Praxis-Problem. Doch insbesondere im Hinblick auf das Fachwissen bleibt die Vermutung, dass der IFI-Studiengang in seiner Beschaffenheit bei den Absolventinnen den Eindruck eines Mangels hinterlässt.

Positivfaktoren: Welche Studienbedingungen begünstigen eine positive Studienerfahrung?

Als besonders hilfreich empfanden die IFI-Absolventinnen die auf die Praxis ausgerichtete Ausgestaltung des Studiengangs in Form von **Praktika und Praxissemestern** (Top-Two-Werte 88 % | ø 1.5). Auch die **Teamarbeit** (Top-Two-Werte 80 % | ø 1.7) und die **Internationalität** des Studiengangs (Top-Two-Werte 77 % | ø 1.8) werden sehr gut bewertet.

Alle drei Elemente sind konstitutiv für den IFI-Studiengang[13] und die positive Rückmeldung der IFI-Absolventinnen verweist auch an dieser Stelle auf eine gute Umsetzung.

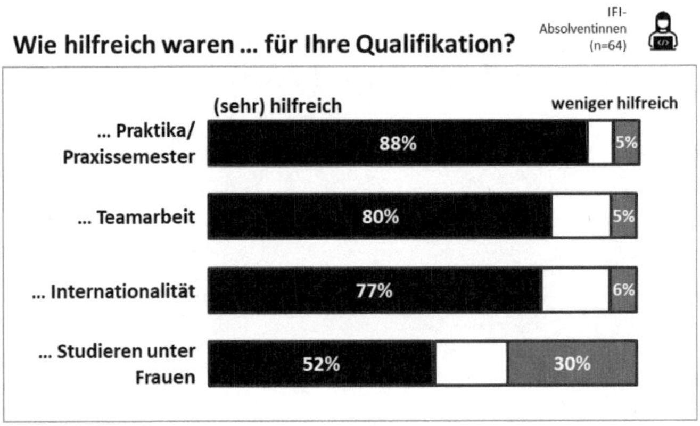

Abbildung 7: Unterstützende Strukturen des IFI-Studiengangs.

13 Internationalität trägt der Studiengang im Titel. Auf der Informationsseite der Hochschule Bremen stehen Praxisbezug und Teamarbeit als wichtige Komponenten des Steckbriefs zum IFI-Studiengang: „Neben Lehrveranstaltungen in Programmierung, Rechnernetzen oder Informatik & Gesellschaft, arbeiten Sie im Team an praxisnahen Projekten für die Softwareentwicklung." <https://www.hs-bremen.de/studieren/studiengang/internationaler-frauenstudiengang-informatik-b-sc/> (Zugriff am 07.06.2024).

In der Bewertung des Aspekts **„Studieren unter Frauen"** spiegelt sich eine ambivalente Haltung der IFI-Absolventinnen wider: Etwa die Hälfte (Top-Two-Werte 52 %) ordnet die Monoedukation als eher hilfreich ein und knapp ein Drittel als eher weniger hilfreich (Top-Two-Werte 30 % | ø 2.7).

Stellenwert der Monoedukation

IFI-Absolventinnen stimmen sehr klar der Aussage zu „Ein Frauenstudiengang Informatik … **bildet einen ‚safe space', in dem Frauen leichter den Zugang zur Informatik finden als im konventionellen Informatikstudium**" (Top-Two-Werte 81 % | ø 1.7). Dies unterstreichen auch die Aussagen in den offenen Nennungen:

> *„Mir persönlich hat es gutgetan, dass ich mich zumindest im Grundstudium erstmal völlig aufs Lernen konzentrieren konnte ohne in ‚weibliche' Rollen/Aufgaben gedrängt zu werden."* (ID 80)

> *„Ich habe immer in der Technik gearbeitet oder studiert. Erst im Kontrast mit IFI ist mir bewusst geworden, wie oft ich mich, verbal oder nonverbal, rechtfertigen musste, dass ich mich in den Räumen aufgehalten habe. Viele Menschen fanden es toll, dass ich mich für Technik interessiere und so gut bin, aber trotzdem musste ich mich immer erklären."* (ID 92)

Auch die Aussage „Ein Frauenstudiengang Informatik … **ermöglicht Frauen ein gutes professionelles Selbstbewusstsein als Informatikerinnen aufzubauen und im Berufsalltag zu bestehen**" findet größtenteils Zustimmung (Top-Two-Werte 73 % | ø 2.0).

In Übereinstimmung mit der positiven Einschätzung der professionellen Sozialisation im Studium lehnen IFI-Absolventinnen mehrheitlich die Aussage ab, der Studiengang sei **realitätsfern und bereitet deshalb unzureichend auf den Berufsalltag in der Informatik vor** (Bottom-Two-Werte 83 % | ø 4.2). Auch hier bestätigen die offenen Nennungen diesen Eindruck:

> *„Ich denke der Studiengang ist notwendig, um den Safe Space zu schaffen und um genügend Fachwissen zu sammeln. Es sollte allerdings auch Möglichkeiten geben Veranstaltungen gemeinsam mit Männern wahrzunehmen und es sollte darauf vorbereitet werden, dass die Arbeitswelt anders aussieht."* (ID 37)[14]

---

[14] Die hier zitierte IFI-Absolventin weist auf die Notwendigkeit des Angebots hin, im Rahmen des IFI-Studiums optional Lernangebote anderer (Informatik-)Studiengänge wahrzunehmen.

Es ist vor allem der **hohe Rechtfertigungsdruck von außen**, dem sich IFI-Absolventinnen ausgesetzt fühlen (Top-Two-Werte 61 % | ø 2.4) – nur knapp jede Fünfte (19 %) hat diesen gar nicht oder nur eher wenig erfahren. Eine Vorstellung darüber, was die Erfahrung eines „Rechtfertigungsdrucks von außen" beinhalten kann, lässt sich über die Kommentare der IFI-Absolventinnen zum Thema erschließen. Die grundsätzliche Frage nach dem Begründungszusammenhang für eine monoedukative Anlage des Studiengangs ist dabei zentral: Wozu braucht es (und auch im persönlichen Bezug: brauchst du) Monoedukation? Es sei nicht einfach, in Kurzform die Vorteile eines Frauenstudiengangs zu vermitteln. Es immer wieder zum Thema zu machen, sich erklären zu müssen und gegen Vorurteile zu argumentieren, sei *„wirklich anstrengend und nervig" (ID 107).*

> *„Das Image gegenüber den anderen Fachbereichen und die Vorurteile der Außenwelt. Sobald irgendetwas ‚nur für Frauen' gemacht wird, wird es leider von außen nicht mehr ganz ernst genommen, egal wie gut die Inhalte sind." (ID 19)*

Um sich dieser Konfrontation nicht permanent auszusetzen, besteht eine der Lösungsstrategien in der Vermeidung des Begriffs „Frauenstudiengang", insbesondere nach dem Berufseinstieg, wenn berufliche Erfahrungen und Qualifikationen an Gewicht gewonnen haben.

> *„In Bewerbungsgesprächen als auch im CV teile ich nur mit, dass ich Informatik studiert habe, aber nenne nicht den Frauenstudiengang." (ID 19)*

Das Studieren unter Frauen wird als ein unterstützendes Strukturmerkmal gesehen, das den Zugang zur Informatik erleichtert. Es trägt, neben der Größe des Studiengangs, der Betreuungsqualität und der positiven Teamerfahrung, konstitutiv zu der Atmosphäre eines sicheren Raums („safe space") bei, in dem Fragen und Unsicherheiten Raum finden und eine vorurteilsfreie Aneignung der Studieninhalte möglich ist. Teilweise negativ erfahren IFI-Absolventinnen die Folgen ihres Studiums in Form eines Rechtfertigungsdrucks gegenüber Außenstehenden.

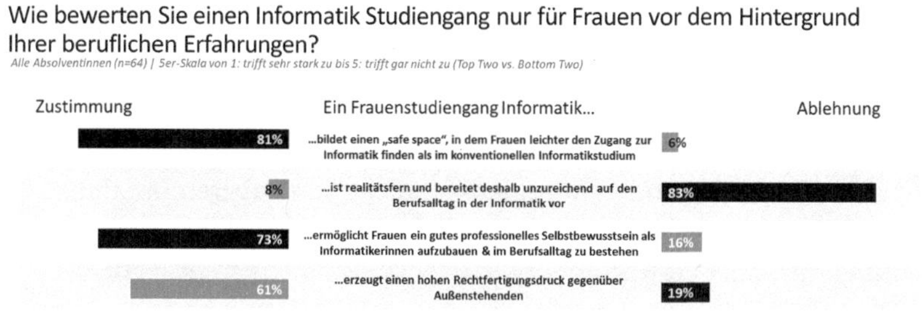

Abbildung 8: Einordnung der Monoedukation.[15]

Fazit

Aus Sicht der Absolventinnen bietet IFI eine rundum gute Studienerfahrung. Mehrere Faktoren der Studienganggestaltung – Größe des Studiengangs, die didaktische Einbindung von Lerngruppen, die sehr gute (fachliche) Betreuung und nicht zuletzt die monoedukative Anlage – tragen dazu bei, eine positive Lernatmosphäre zu schaffen und damit einen guten Rahmen, in dem Studentinnen sich im Bereich der Informatik qualifizieren können.

Das Studium unter Frauen ist einerseits maßgeblich konstitutiv für die Erfahrung einer geschützten und förderlichen Lernumgebung, die die Entwicklung eines professionellen Selbstverständnisses und die nachhaltige Identifikation mit der Informatik begünstigt. Andererseits wirkt das gesellschaftliche Stigma einer „weiblichen", und damit nach vorherrschenden Stereotypen potenziell weniger wertigen Version der Informatik in Form eines Rechtfertigungsdrucks auf die IFI-Absolventinnen ein.

Ihre eigene Qualifikation sehen IFI-Absolventinnen in der Konfrontation mit den Anforderungen des Berufslebens grundsätzlich kritisch – ähnlich wie Informatik-Absolventinnen der Vergleichsgruppen. Die Selbstwahrnehmung eines relativen Defizits in der fachlichen Tiefe (Stichwort: Fachkenntnisse) kann zumindest teilweise auf den niedrigschwelligen Zugang zur Informatik und der Fokussierung von grundlegenden und universellen Kompetenzen des Berufslebens zurückgeführt werden.

15 In der farbigen Symbolik der Grafik steht die schwarze Einfärbung für einen positiven und die hellere Farbschattierung für einen eher negativen Aspekt der Monoedukation.

Dennoch kann, trotz der relativen, subjektiv wahrgenommen Defizite des Studiengangs, insgesamt das Konzept des IFI-Studiengangs als erfolgreich bezeichnet werden: IFI-Absolventinnen fühlen sie sich im Hinblick auf die wichtigsten Fähigkeiten besser qualifiziert als andere Informatikabsolventinnen. Mit guten Problemlösungs-, Kommunikations- und Kooperationsfähigkeiten als Elemente ihres Selbstverständnisses bringen sie die richtige professionelle Haltung mit, um den Anforderungen der Berufspraxis zu begegnen.

Dem IFI-Studiengang gelingt es sehr gut, das fachliche Selbstkonzept (Selbstvertrauen) als Informatikerin zu vermitteln und zu stärken, im Vergleich: besser als anderen Informatikstudiengängen. Damit erfüllt dieser Studiengang eine Grundanforderung an die Hochschulbildung im Sinne einer gelungenen fachlichen Sozialisation – und schafft eine gute Grundlage für den Verbleib seiner Absolventinnen im Berufsfeld der Informatik.

Als gesellschaftliche Aufgabe bleibt, Informatik für alle gleichermaßen zugänglich zu gestalten: Erst wenn Informatik nicht mehr mit Männlichkeit assoziiert wird und die stereotypen Vorstellungen von beruflichen Eignungen von Frauen und Männern überwunden sind, hätte die kritische Nachfrage: „Ist Monoedukation noch zeitgemäß?“, die ja ihrem Wesen nach eher eine abschlägige Antwort suggeriert, ihre Berechtigung. Doch unserer Studienergebnisse demonstrieren, dass es noch nicht soweit ist und die Antwort auf diese rhetorisch anmutende Frage „Ja, unbedingt“ lauten muss.

Literatur

Edmondson, Amy (2018): The Fearless Organization: Creating Psychological Safety in the Workplace for Learning, Innovation, and Growth.

Förtsch, Silvia; Gärtig-Daugs, Anja; Buchholz, Sandra; Schmid Ute (2018): “Keep It Going, Girl!” An Empirical Analysis of Gender Differences and Inequalities in Computer Sciences. In: *International Journal of Gender, Science and Technology* 10 (2), S. 265–286. Online verfügbar unter <http://genderandset.open.ac.uk/index.php/genderandset/article/view/512/957> [Zugriff am 10.06.2024].

Huber L.: Sozialisation in der Hochschule. In: Hurrelmann K, Ulich D, (Hrsg.): *Neues Handbuch der Sozialisationsforschung*. 4. Aufl. Weinheim: Beltz; 1991: 417–441.

Metz-Göckel, Sigrid; Steck, Felicitas (Hrsg.) (1997): Frauen-Universitäten. Initiativen und Reformprojekte im internationalen Vergleich. Opladen: VS Verlag für Sozialwissenschaften.

Mischau, Anina (2004): Akzeptanz monoedukativer Studiengänge/-elemente bei jungen Frauen – Bestandsaufnahme und exemplarische Befragung. Gutachten im Auftrag des Bundesministeriums für Bildung und Forschung. IFF-Forschungsreihe Band 15. Online verfügbar unter: <https://www.uni-bielefeld.de/zwe/izg/pdf/forschungsreihe/Band-15.pdf> [Zugriff am 10.06.2024].

Smith, Daryl G. (1990): Women's Colleges and Coed Colleges: Is There a Difference for Women? The Journal of Higher Education, vol. 61, No. 2, S. 181–197.

Symposion zur Geschlechterforschung 5 2000, Kiel, et al. *Wie Natürlich Ist Geschlecht?: Gender Und Die Konstruktion Von Natur Und Technik; [Resultat Des 5. Symposions Zur Geschlechterforschung, Das Im November 2000 an Der Christian-Albrechts-Universität Zu Kiel Stattfand].* 1. Aufl. Westdt. Verlag, 2002.

Verbleibstudie 3. Teil: „Meine Kollegen respektieren mich und die Arbeit, die ich leiste" – IFI-Absolventinnen im Beruf

Lore Funk
funk@kompetenzz.de

Philipp Last
philipp.last@hs-bremen.de

Die beruflichen Erfahrungen von IFI-Absolventinnen bilden den inhaltlichen Schwerpunkt dieses Beitrags. Wir rekonstruieren ihren Einstieg in den Beruf und fragen nach ihrem Verbleib im IT-Berufsfeld. Mittels ausgewählter, objektiver und subjektiver Kennzahlen des beruflichen Erfolgs – so zum Beispiel Bewerbungsquoten und detaillierte Bewertungen der aktuellen Beschäftigung – ordnen wir IFI-Absolventinnen im Vergleich zu den Absolventinnen anderer koedukativer Informatik-Studiengänge ein.

"MY COLLEAGUES RESPECT ME AND THE WORK I DO"—IFI GRADUATES AT WORK

SUMMARY

This article focuses on the professional experiences of IFI graduates. We reconstruct the beginning of their professional life and point out, how many of them remain in the IT field in the course of their occupational years. Using selected objective and subjective indicators of professional success—such as application rates and detailed assessments of current employment—we compare IFI graduates with graduates of other co-educational IT degree programs.

For the most part, IFI graduates enter the job market without any problems: they successfully apply for their entry-level positions and find suitable employment in terms of position, level of tasks and professional qualifications.

IFI graduates also remain adequately employed over the course of their careers, that is, in line with their professional qualifications. What is remarkable is the above-average extent to which they remain in the IT sector even after several years of employment! They have a strong career orientation, work an above-average amount and relatively rarely interrupt their employment phases for longer periods (even in combination with family time).

The subjective indicators of professional success—high overall satisfaction and above-average satisfaction with important aspects of their current employment—indicate a high level of professional commitment. IFI graduates manage to realize their professional values in the real job market to the greatest extent possible.

Einleitung

Der Diskurs um die Repräsentanz von Frauen in IT-Berufsfeldern hat im Zuge der Digitalisierung an Bedeutung gewonnen. Der Dritte Gleichstellungsbericht der Bundesregierung formuliert unter anderem explizit das Ziel, den Frauenanteil in Digitalberufen zu erhöhen, um eine paritätische Gestaltung des digitalen Wandels zu verwirklichen und das Potenzial von Frauen für mehr und zielgruppengerechtere Innovationen zu nutzen (vgl. zentrale Befunde des Dritten Gleichstellungsberichts).[1]

Allgemein zugängliche Statistiken zur Beschäftigung zeigen: Trotz der zunehmenden Bedeutung von IT und einem augenscheinlichen Fachkräftemangel waren und sind Frauen deutlich unterrepräsentiert. Der Frauenanteil unter den Beschäftigten in der Informatik und anderen IKT-Berufen lag in Deutschland im Jahr 2023 bei 18 %.[2]

Ob gleichstellungspolitische oder wirtschaftliche Argumente,[3] es herrscht ein großer Konsens in der Zieldefinition: Mehr Frauen in IKT-Berufe! Doch in der Praxis zeigen sich manche Unsicherheiten bei der Frage nach dem Wie, nach den wirksamen Maßnahmen, die dazu einen Beitrag leisten könnten. Neben der Gewinnung von Frauen – hier stehen Initiativen der Förderung von MINT-Interesse bei Schülerinnen[4] an erster Stelle – rückt der Fokus auch zunehmend auf die Bindung und den Verbleib von Frauen im IKT-Berufsfeld.

Zum genauen Ausmaß des weiblichen Braindrain aus der IT liegen für Deutschland keine verlässlichen Studien vor. Eine Studie der Europäischen Union aus dem Jahr 2013 postuliert europaweit: Im Alter von 30 Jahren arbeiten nur noch 20 % der Frauen mit einem IKT-bezogenen Bachelorabschluss in diesem Bereich, im Alter ab 45 Jahren nur noch 9 % (Iclaves 2013: 12).

---

1 Dort vor allem die Kapitel „Mehr Teilhabe von Frauen in der Digitalbranche und geschlechtergerechte Technikgestaltung“ und „Berufliche Selbstständigkeit in der Digitalbranche“ (BMFSFJ 2021: 13 ff.).

2 Berufe auf einen Blick Statistik der Bundesagentur für Arbeit (arbeitsagentur.de), Zugriff am 18.06.2024.

3 Eine prominente wirtschaftsbasierte Position vertritt McKinsey: Frauen seien europaweit die wertvollste (und noch unzureichend erschlossene) Ressource für Technologieentwicklung und Wachstum: „Women in tech: The best bet to solve Europe’s talent shortage“ (McKinsey 2023).

4 Beispielhaft seien hier genannt: Der Girls’Day mit einem niedrigschwelligen Zugang zu einem Tagespraktikum in der IT (und anderen Berufsfeldern) sowie Girls Hacker School und Roberta. Für weitere Projekte und Informationen siehe Kompetenzzentrum 2023a.

Warum verlassen gut ausgebildete Frauen das IKT-Berufsfeld? In der Forschungsliteratur wird der vorherrschenden Fach- und Unternehmenskultur in der IT ein hoher Einfluss auf den Wechsel weiblicher IT-Fachkräften in einen anderen Berufsbereich zugeschrieben.[5] Zu den konkreten Elementen einer männlich dominierten Arbeitskultur gehören unter anderem ein hoher Wettbewerbsdruck und stereotype Geschlechterzuschreibungen. Dazu kommen lange Arbeitsstunden, ungleiche und damit unfaire Bezahlung, ungleiche berufliche Aufstiegsmöglichkeiten, exkludierende Netzwerke sowie unreflektierte gegenderte Einstellungs- und Employer-Branding-Maßnahmen (Ahmadi, Eilert et al. 2020).

„Fix the system“[6] lautet eine in diesem Zusammenhang oft formulierte Forderung, die in ihrem Kern auf eine Diversifizierung der immer noch zu homogenen männlichen Fach- und Unternehmenskultur in der IT abzielt. Mit dem Blick auf weibliche Fachkräfte muss eine Sensibilisierung für und stärkere Ausrichtung an weibliche Lebenswelten stattfinden.

Der Veränderungsdruck auf Unternehmen ist hoch: Der Mangel an qualifizierten Fachkräften erhöht die Bereitschaft zur Erprobung neuer Wege, um geeigneten (nicht nur weiblichen) Nachwuchs zu gewinnen und vor allem auch zu behalten. Doch die meisten von ihnen stehen noch am Anfang der Entwicklung einer inklusiven Unternehmenskultur.[7] In diesem Spannungsfeld zwischen Beharrungstendenzen einer konservativen, an männlichen Erwerbsbiografien und Stereotypen ausgerichteten IT-Arbeitswelt und Aufbrüchen in eine neue, diversitätssensible und inklusive Arbeitskultur müssen Informatikabsolventinnen ihren Platz finden.

Im Kapitel zu den Studienerfahrungen von IFI-Absolventinnen haben wir herausgearbeitet, dass der IFI-Studiengang seine Absolventinnen sowohl gut qualifiziert als auch ein gutes fachliches Selbstkonzept vermittelt. Damit,

---

5 Vgl. Hemphill-Merrills 2016; Marsden, Ahmadi, Wulf & Holtzblatt 2021; Pedersen & Minnotte 2017; Tsakissiris & Grant-Smith 2021.

6 Vgl. exemplarisch das World Economic Forum: "The route to true gender equality? Fix the system, not the women" <https://www.weforum.org/agenda/2020/01/gender-gap-equality-income-wages-solution/>, Zugriff am 18.06.2024.

7 Ein sehr einfacher Indikator für ein dominant männliches Erwerbsmodell ist der Vollzeitanteil in einer Branche. Der Vollzeitanteil unter allen sozialversicherungspflichtig Beschäftigten beträgt in 2023 70 %, in der IKT-Branche dagegen 88 % (Berufe auf einen Blick – Statistik der Bundesagentur für Arbeit (arbeitsagentur.de), Zugriff am 18.06.2024).

so die Erwartung, sind grundsätzlich gute Ausgangsbedingungen für ein erfolgreiches Berufsleben gegeben. Ob diese Annahme gerechtfertigt ist, soll im Folgenden anhand der Frage, wie gut IFI-Absolventinnen in der teilweise immer noch stark männlich dominierten IKT-Berufswelt zurechtkommen, dargestellt werden.

In diesem Beitrag wollen wir die beruflichen Erfahrungen von IFI-Absolventinnen zusammenfassen, ihren Einstieg in den Beruf beschreiben und nach ihrem Verbleib im IT-Berufsfeld fragen. Wir stellen objektive und subjektive Kennzahlen des beruflichen Erfolgs heraus und ordnen diese im Vergleich zu den Absolventinnen anderer koedukativer Informatik-Studiengänge ein.

Berufserfahrungen

Für die Interpretation der Ergebnisse zu den Berufserfahrungen von IFI-Absolventinnen ist es wichtig sich zu vergegenwärtigen, dass das Sample auf den Jahrgängen 2000 bis 2017 (Beginn des Studiums) basiert, d.h. für den Berufseinstieg eine relativ große Zeitspanne umfasst.

Korrespondierend mit der heterogenen Jahrgangsstruktur des Samples liegt ein breites Spektrum an Berufserfahrungsjahren vor. Knapp die Hälfte der befragten IFI-Absolventinnen (45 %) haben bereits mehr als zehn Jahre Berufserfahrung, ein Viertel zwischen sechs und zehn Jahren (23 %) und jede fünfte befragte Absolventin (19 %) ist bis zu fünf Jahren im Beruf (siehe folgende Abbildung).

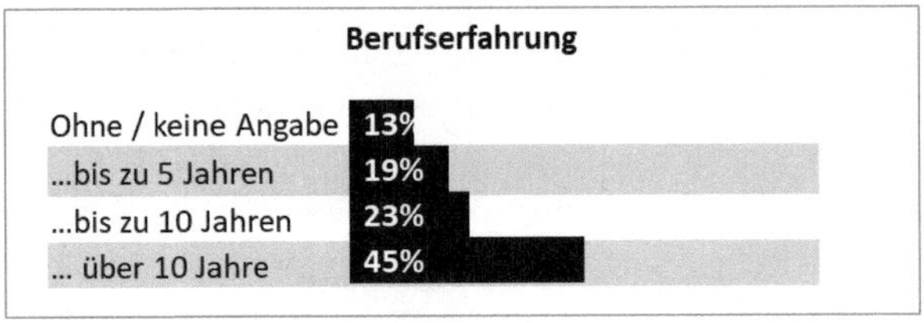

Abbildung 1: Berufserfahrung der befragten IFI-Absolventinnen.

Insgesamt acht von den 64 befragten Absolventinnen fallen aus der Analyse der Berufserfahrungen größtenteils raus: Fünf (8 %) machten keine oder nur sehr lückenhafte Angaben zu ihren beruflichen Erfahrungen (eine davon auf Stellensuche). Drei Absolventinnen (5 %) befinden sich zum Zeitpunkt der Befragung noch in einer weiteren Qualifizierungsphase und haben (davor) noch keine Berufserfahrung sammeln können, zwei dieser drei Absolventinnen promovieren, eine absolviert einen Masterstudiengang.

Die Ergebnisse zur Berufstätigkeit basieren damit größtenteils auf den Angaben von 56 Absolventinnen mit Berufserfahrung und Angaben zur Berufstätigkeit.

Trotz heterogener Jahrgänge weisen wir die Ergebnisse überwiegend als Gesamtwerte aus, um gleichbleibende Strukturen sichtbar zu machen. In Ausnahmefällen, wenn für einzelne Jahrgangs- oder Merkmalsgruppen große Abweichungen beobachtbar sind, differenzieren wir entsprechend.

Problemloser Einstieg in den Beruf

Zwei Drittel der IFI-Absolventinnen (68 %) geben an, **keinerlei Schwierigkeiten** beim Berufseinstieg nach dem Studium gehabt zu haben.

Eine eigene **Migrationsgeschichte** scheint sich erschwerend auf den Berufseinstieg auszuwirken: 40 % der Absolventinnen mit Migrationsgeschichte geben an, dass der Berufseinstieg für sie nicht problemlos verlaufen ist. Für die direkte Vergleichsgruppe von IFI-Absolventinnen ohne Migrationsgeschichte gilt das lediglich für jede Vierte (27 %).

Als Schwierigkeiten beim Berufseinstieg werden am häufigsten benannt: **„Es wurden überwiegend Bewerber(innen) mit Berufserfahrung gesucht“** und **„Es wurden spezielle Kenntnisse verlangt, die ich nicht habe“** (je 15 %). Mit diesen Schwierigkeiten sahen sich sowohl IFI-Absolventinnen ohne als auch die Teilgruppe der Absolventinnen mit Migrationsgeschichte am häufigsten konfrontiert. Als dritthäufigste Ursache wurde benannt, dass die angeboten Stellen nicht den inhaltlichen Vorstellungen entsprachen (8 %). Zudem gaben Absolventinnen mit Migrationsgeschichte zu 8 % an, ihre Nationalität als erschwerend für den Berufseinstieg erlebt zu haben.

Geschlechtszugehörigkeit und der „Anspruch auf Vereinbarkeit von Familie/Partnerschaft und Beruf“ stellten beim Berufseinstieg für lediglich sechs Prozent der Absolventinnen ein Hindernis dar.

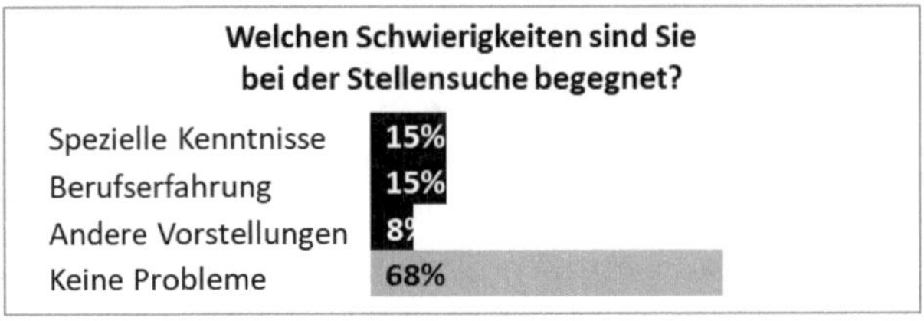

Abbildung 2: Die häufigsten Schwierigkeiten beim Berufseinstieg.

Bewerbungsverhalten: zielgerichtet und effizient

Der relativ einfache Zugang zum Arbeitsmarkt spiegelt sich auch in den Kennzahlen zu Bewerbungen wider: Im Durchschnitt schrieben IFI-Absolventinnen insgesamt **4,8 Bewerbungen**, bekamen darauf im Mittel **2,7 Einladungen** zu einem Vorstellungsgespräch und konnten ihre Stelle dann aus im Durchschnitt **1,8 konkreten Stellenangeboten** auswählen. In Quoten (Durchschnitte im Verhältnis zueinander) lässt sich bilanzieren: Im Kontext der Berufseinmündung mündete etwas mehr als jede zweite Bewerbung in eine Einladung zum Gespräch (56 %), aus zwei von drei Vorstellungsgesprächen resultierte ein Stellenangebot (67 %). Insgesamt konnten IFI-Absolventinnen damit mehr als jede dritte Bewerbung (38 %) in ein Stellenangebot umwandeln.[8]

Im Vergleich mit den entsprechenden Werten der DZHW-Informatikabsolventinnen und -absolventen zeigen sich IFI-Absolventinnen deutlich erfolgreicher bei der Einmündung in den Arbeitsmarkt: Zum einen schrieben sie weniger Bewerbungen und erzielten mit ihren Bewerbungen eine höhere Quote an Einladungen zum Vorstellungsgespräch. Daraus lässt sich auf ein gezielteres Bewerbungsverhalten schließen. Zum anderen überzeugten sie häufiger im Vorstellungsgespräch als die weibliche DZHW-Vergleichsgruppe, die in etwa nur jede zweite Einladung zum Vorstellungsgespräch in ein Stellenangebot verwandeln konnten.

---

8 IFI-Absolventinnen erreichen bei ihren Bewerbungen über den untersuchten Zeitraum hinweg (2000 bis 2017) relativ gleichbleibende Erfolgsquoten.

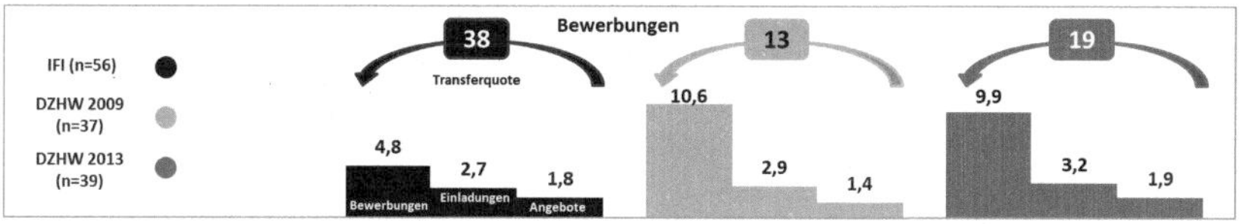

Abbildung 3: Kennzahlen Bewerbungen.

Unter IFI-Absolventinnen ist dabei „Migrationsgeschichte" ein stark differenzierendes Merkmal: Absolventinnen mit Migrationsgeschichte schreiben im Durchschnitt mehr Bewerbungen und weisen schlechtere Erfolgsquoten auf. Im direkten Vergleich zu ihren Kommilitoninnen ohne Migrationsgeschichte können sie nur halb so viele Bewerbungen in Stellenangebote umsetzen (30 zu 59 %). Sie werden auf ihre Bewerbung hin seltener eingeladen (49 zu 61 %).

Zusammenfassend lässt sich sagen, dass IFI-Absolventinnen über die gesamte untersuchte Zeitspanne erfolgreich in den Beruf einmünden. Ihre Bewerbungsbilanz für die erste Anstellung fällt sehr positiv aus. Die befragten IFI-Absolventinnen haben sich „effizienter" beworben: Sie haben im Mittel weniger Bewerbungen geschrieben, überzeugten in Vorstellungsgesprächen und übersetzten ihre Bewerbungen erfolgreicher als andere Informatikabsolventinnen in Stellenangebote.

Als mögliche Erklärungsansätze für den überdurchschnittlichen Erfolg der IFI-Absolventinnen können die strukturellen Merkmalen des Studiengangs dienen: eine sehr gute Praxiseinbindung der Studentinnen schon während des Studiums sowie tragfähige Kooperationsstrukturen zwischen der Hochschule Bremen und den regionalen IT-Unternehmen. Die teilweise langjährig gewachsenen und erprobten Kooperationsstrukturen führen zu einer positiven Voreinstellung von Unternehmen gegenüber IFI-Absolventinnen. Der Vertreter eines regionalen IT-Unternehmens, das als Arbeitsgeber mehrere IFI-Absolventinnen beschäftigt, formuliert es so:

> *„Also wir können noch viele [IFI-Absolventinnen] gebrauchen. Einfach nur mehr. Das Qualifikationsprofil, das Skill-Set, die Motivation, das ist alles gut, damit können sie gut arbeiten. Bringt ein paar mehr an den Markt."* (U 1)

Die vorliegenden Ergebnisse zeigen jedoch deutlich, dass sich die Startbedingungen ins Berufsleben für IFI-Absolventinnen mit Migrationsgeschichte nicht im gleichen Maße positiv gestalten.[9]

IFI-Absolventinnen im Beruf

Adäquat beschäftigt von Beginn an

Ihren beruflichen Einstieg bewerten IFI-Absolventinnen größtenteils als angemessen. Die Angemessenheit der (ersten und aktuellen) Beschäftigung wird im Rahmen der Studie dreidimensional erfasst: In Bezug auf die berufliche Position, das Niveau der Aufgaben und die fachliche Qualifikation.

Bei der **ersten beruflichen Position** sind 78 % der IFI-Absolventinnen der Ansicht, sie sei angemessen (Top Two-Wert[10] | ø 1.6). Im Vergleich dazu liegen die DZHW-Absolventinnen des Jahrgangs 2013 in ihrer Einschätzung zehn Prozentpunkte niedriger (68 % | ø 1.8).

Auch das **Niveau der Aufgaben** (Top Two-Wert 84 % | ø 1.7) und die **fachliche Qualifikation** (Top Two-Wert 87 % | ø 1.7) sehen IFI-Absolventinnen in einem ähnlich hohen Maße als angemessen. Die Vergleichsgruppe der DZHW-Informatikabsolventinnen 2013 bewerten die Angemessenheit ihres Einstiegs deutlich schlechter: Nur knapp zwei Drittel empfanden das Niveau der Aufgaben (66 % | ø 1.9) und ähnlich viele die erforderliche fachliche Qualifikation (63 % | ø 2.1) als ihrem Qualifikationsprofil angemessen.

---

9 Die Erfahrungen der IFI-Absolventinnen mit Migrationsgeschichte bedürfen einer weiteren vertiefenden Untersuchung.

10 Dieser und die nachfolgenden Werte: Top-Two-Wert einer 5er-Skala von 1: ja auf jeden Fall bis 5: nein, auf keinen Fall.

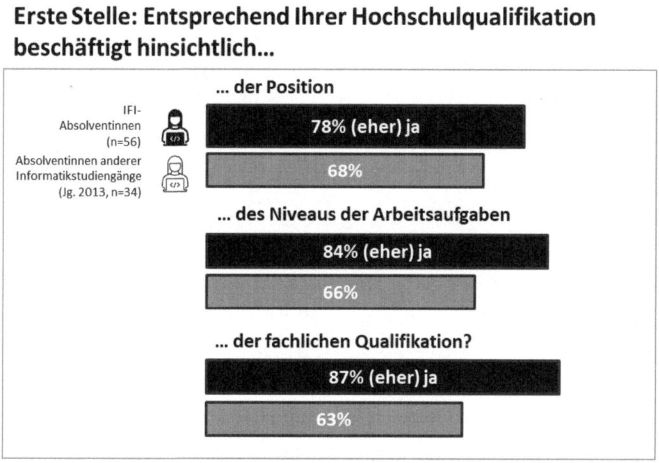

Abbildung 4: Berufseinstieg: Angemessenheit der Beschäftigung.

IFI-Absolventinnen steigen auf einem angemessen hohen Niveau in die Berufstätigkeit ein und halten dieses im Verlauf ihres Berufslebens konstant: Sowohl die Position als auch das Niveau der Aufgaben sowie die fachliche Qualifikation bleiben in einem direkten Abgleich von Einstiegs- und aktueller Stelle relativ konstant. Mit den Berufserfahrungsjahren zeigt sich lediglich eine leichte Abnahme der Passung bei der fachlichen Qualifikation (ø 1.8 geht zurück auf ø 1.9). Das wiederum hängt sehr wahrscheinlich mit den üblichen Karriereverläufen und der Übernahme neuer Aufgabenbereiche – z.B. ein Schritt von der Softwareentwicklung zu Projektmanagement oder Teamleitung – zusammen.

Einkommen

Die Einschätzung der Angemessenheit einer Beschäftigung stellt eine subjektive Kennzahl dar, während das konkrete Einkommen als ein objektiver Indikator für die Angemessenheit der Beschäftigung gelten kann. Das **Einstiegsgehalt** der befragten IFI-Absolventinnen mit Berufserfahrung liegt im Durchschnitt bei **3.180 Euro** (monatliches Brutto). Diesem Wert liegen Zeitpunkte des Berufseinstiegs im Zeitraum von 2004 bis 2024 zugrunde.

Um uns einem Vergleich der Einstiegsgehälter anzunähern,[11] kontrollieren wir die wöchentliche Arbeitszeit, indem wir das **durchschnittliche Brutto-Einstiegsgehalt** auf eine **Vollzeitstelle** von 40 Stunden hochrechnen. Unter dieser Bedingung erreichen IFI-Absolventinnen im Durchschnitt **3.443 Euro brutto bei ihrer Ersteinstellung.** Die analog auf eine Vollzeitstelle normierten Ersteinkommen der DZHW-Vergleichsgruppen betragen im Mittel 3.120 Euro (für die Informatikabsolventinnen des Jahrgangs 2013) und fallen damit um etwa 300 Euro niedriger aus.

In dieser ersten Annäherung an die Bestimmung des Einstiegsgehalts und ohne Berücksichtigung von Inflations- und Qualifikationseffekten, können wir vorläufig festhalten: IFI-Absolventinnen erzielen beim Einstieg in den Beruf ein höheres Durchschnittsgehalt als die Vergleichsgruppe der Informatik-Absolventinnen anderer Studiengänge.[12]

Arbeitszeiten und Erwerbsphasen

Die **durchschnittliche Wochenarbeitszeit unter den befragten IFI-Absolventinnen liegt bei 35 Stunden.** Mehr als die Hälfte arbeiten in Vollzeit (38+ Stunden), knapp ein Drittel in Teilzeit mit höherem (30–37 Stunden) und 18 % in Teilzeit niedrigerem Stundenanteil (unter 30 Stunden).

Deutschlandweit beträgt die Wochenarbeitszeit erwerbstätiger Frauen im Jahr 2021 durchschnittlich 31 Stunden (für erwerbstätige Männer sind es 38 Stunden).[13] IFI-Absolventinnen liegen fast genau in der Mitte dieses Spektrums.

---

[11] Es bleibt methodisch nur eine Annäherung, weil wir in unseren Berechnungen Inflations- und Qualifikationseffekte nicht kontrollieren.

[12] Vom Vergleich der zum Zeitpunkt der Befragung „aktuellen Gehalts“ sehen wir ab, da die Spanne der Berufsjahre (im Mittel etwa zehn Jahre, vgl. auch die Verteilung der Berufsjahre in entsprechender Abbildung) sehr hoch ist.

[13] <https://www.wsi.de/de/zeit-14621-wochenarbeitszeiten-und-erwerbstaetigenquoten-14764.htm>.

Durchschnittliche Wochenarbeitszeit	
IFI-Absolventinnen:	**35 Stunden**
Erwerbstätige Frauen:	**31 Stunden**
Erwerbstätige Männer:	**38 Stunden**
(Mikrozensus 2021)	

Abbildung 5: Wochenarbeitszeiten im Vergleich.

Mit dem Anstieg der Berufsjahre sinkt die durchschnittliche Wochenarbeitszeit: IFI-Absolventinnen mit bis zu 5 Berufsjahren arbeiten im Mittel noch 39 Stunden/Woche – Absolventinnen mit mehr als 10 Berufsjahren weisen im Mittel 33 Stunden/Woche aus. Die Familiengründung ist für die Ausgestaltung der Arbeitszeit dabei ein entscheidender Faktor. Der Anteil der Absolventinnen mit Kind(ern) liegt bei 47 %: IFI-Absolventinnen mit einem geringeren Stundenanteil (unter 30 Stunden) sind zu 100 % Mütter, in Teilzeit mit höherem Stundenanteil zu 63 % und in Vollzeit zu 24 %.

Rund 80 % der IFI-Absolventinnen hatten keine längeren Unterbrechungen ihrer Erwerbsphase. Diejenigen mit längeren Unterbrechungen (20 %) nennen als häufigste Ursachen für Erwerbsunterbrechungen Phasen der Familienarbeit/ Elternzeit und Arbeitssuche. In der direkten Gegenüberstellung der IFI-Absolventinnen mit längeren Unterbrechungen (20 %) und dem Anteil an IFI-Absolventinnen mit Kindern (47 %) zeigt sich: Mehr als die Hälfte aller IFI-Absolventinnen mit Kind haben trotz Familiengründung keine längere Auszeit vom Erwerbsleben genommen.

Die überdurchschnittliche Wochenarbeitszeit sowie die im Abgleich mit dem Familienstatus (Absolventinnen mit Kindern) geringere Unterbrechung der Erwerbsphasen deuten auf eine ausgeprägte Erwerbsorientierung der IFI-Absolventinnen hin.

Verbleib in der IT

Wie einleitend beschrieben, liegt angesichts des Fachkräftemangels in der IT-Branche und der Abwanderung von qualifizierten Frauen aus diesem Berufsfeld ein besonderes Augenmerk auf dem Verbleib von Frauen in der IT. In dieser Hinsicht weisen IFI-Absolventinnen ein positives Ergebnis auf. Die Rekonstruktion der IFI-Erwerbsbiografien zeigt: Mehr als neun von zehn Absolventinnen üben zum Zeitpunkt der Befragung eine **Tätigkeit**

in der IT aus (91 %). Jobwechsel haben durchaus stattgefunden, allerdings größtenteils innerhalb der IT-Branche.[14]

Verglichen mit den DZHW-Informatikerinnen-Stichproben ist dieser Anteil bemerkenswert hoch: Sowohl für die DZHW-Absolventinnen des Jahres 2013 als auch des Jahres 2009 sind die Anteile von Frauen, die in der IT beschäftigt sind, fünf Jahre nach dem Hochschulabschluss niedriger (siehe Abbildung).[15]

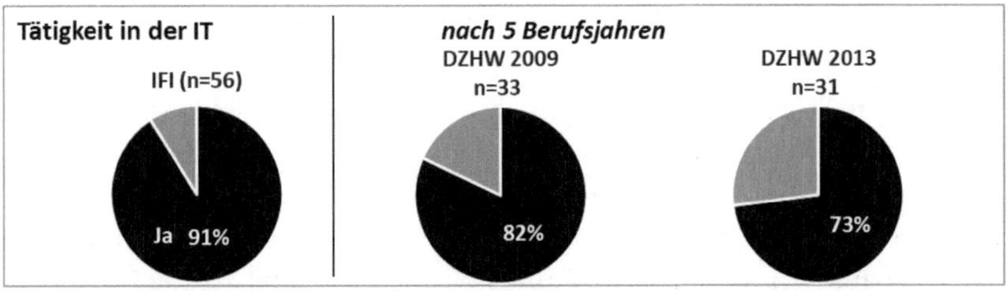

Abbildung 6: Verbleib in IT-Berufsfeldern im Vergleich.

Das heißt: IFI-Absolventinnen münden nicht nur erfolgreich (im Sinne von: in angemessener Beschäftigung) in den IT-Arbeitsmarkt ein, sie verbleiben größtenteils im IT-Berufsfeld – auch noch nach längerer Berufstätigkeit.

Arbeiten im männlich dominierten Arbeitsumfeld

Im Folgenden Abschnitt soll das Arbeitsumfeld von IFI-Absolventinnen im Hinblick auf Gender-Effekte in den Blick genommen werden. Die IT-Branche, als ein stark männlich dominierter Arbeitsbereich, ist von Strukturen gekennzeichnet, die es Frauen erschweren können, dort Fuß zu fassen. Dazu gehören unter anderem Stereotype, eine Kultur des Wettbewerbs und die Abwertung

---

[14] Zur Einordnung: Ein Drittel der IFI-Absolventinnen befindet sich zum Zeitpunkt der Befragung immer noch auf ihrer Einstiegsstelle (33 %), etwas mehr als die Hälfte (55 %) haben bereits mindestens einen Jobwechsel hinter sich.

[15] Beschäftigung in den folgenden Tätigkeitsfeldern: „Informatik“, „IT-Systemanalyse, Anwendungsberatung und IT-Vertrieb“, „IT-Netzwerktechnik, IT-Koordination, IT-Administration, IT-Organisation“, „Softwareentwicklung und Programmierung“ und „Lehr-, Forschungstätigkeit an Hochschulen“ (Quelle: DZHW, Kodiert nach KldB2010, Drei-Steller). Der entsprechende Anteil der männlichen DZHW-Vergleichsgruppe beträgt 89 %, liegt also fast gleichauf mit dem IFI-Anteil.

der von Frauen erbrachten Leistungen (vgl. Holzblatt/Marsden 2022: 7). Im Rahmen unserer Studie haben wir IFI-Absolventinnen nach ihrem Arbeitsumfeld sowie den (Diskriminierungs-)Erfahrungen, die sie im Laufe ihrer Berufstätigkeit gesammelt haben, befragt.

Korrespondierend mit dem überwiegenden Verbleib in IT-Berufsfeldern (siehe obigen Abschnitt), geben die befragten IFI-Absolventinnen zu rund 86 % an, in einem männlich dominierten Arbeitsumfeld zu arbeiten.

Zum Zeitpunkt der Befragung ist die Bilanz der grundsätzlichen Arbeitserfahrung am Arbeitsplatz ausgesprochen positiv: Fast neun von zehn Absolventinnen fühlen sich an ihrem Arbeitsplatz angemessen wertgeschätzt (Top-Two-Werte 89 % | ø 1.7).[16]

Fühlen Sie sich an Ihrem Arbeitsplatz angemessen wertgeschätzt – so anerkannt, wie es Ihrer Performance entspricht?

Alle Absolventinnen (n=62) | 5er-Skala von 1: in hohem Maße bis 5: überhaupt nicht | Angaben in %

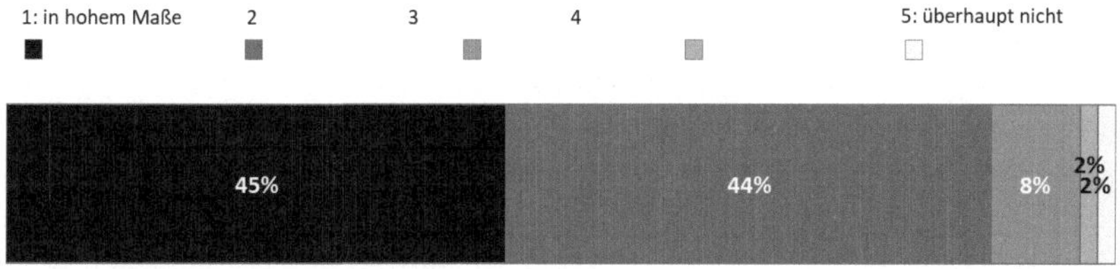

Abbildung 7: Wertschätzung am Arbeitsplatz.

In Kommentaren zur Frage wird der Mangel an Wertschätzung mit Verdienstunterschieden und fehlender Förderung in Form der Übertragung herausfordernder Aufgaben begründet.

> *„Männer-Kollegen verdienen mehr und ihnen werden auch bereitwilliger anspruchsvolle Projekte übertragen, obwohl ich mehrfach gezeigt habe, dass ich mich gut bewähren kann und mein Beitrag geschätzt wurde."* (ID 26)

Die empfundene Wertschätzung im aktuellen Berufsalltag schließt negative Erfahrungen – nicht zuletzt in den vorhergehenden Berufskontexten – nicht aus. Etwa jede sechste IFI-Absolventin (17 %) hat aufgrund ihres Geschlechts

---

[16] Gemessen mittels einer 5er-Skala zur Zustimmung mit verbalisierten Polen von 1: in hohem Maße bis 5: überhaupt nicht.

Benachteiligungen erlebt, jede dritte (33 %) war mit stereotypen Vorstellungen konfrontiert. Nur etwas mehr als die Hälfte der befragten Absolventinnen geben an, weder Benachteiligungen noch Stereotypisierungen erlebt zu haben (58 %).

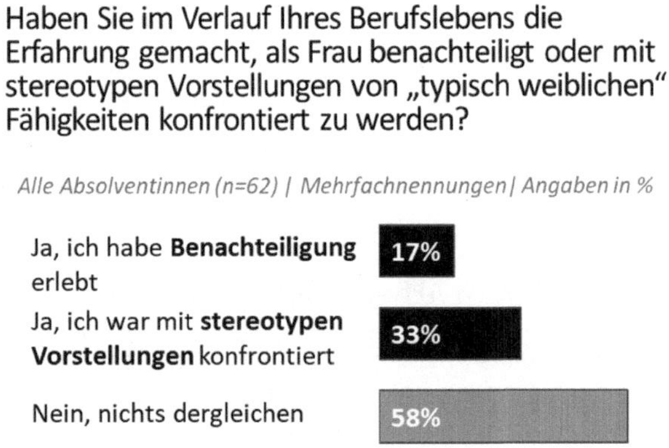

Abbildung 8: Benachteiligungen und Stereotype als Frau.

Auf der Grundlage der Schilderungen von IFI-Absolventinnen zu erfahrenen Benachteiligungen oder Stereotypisierungen im Rahmen unserer Befragung lassen sich mehrere Dimensionen von Diskriminierung rekonstruieren:[17]

(1) Als Frau im IT-Berufsfeld zu arbeiten, bedeutet für viele die Erfahrung, sich **besonders behaupten** zu müssen, teilweise die **Leistungsanforderungen im Alltag übererfüllen** zu müssen. Das gilt sowohl für die unternehmensinterne Arbeitswelt als auch für die Kundenkontakte.

„[Ich] musste bei Meetings (beim Kunden) mehr Kompetenz zeigen, um genau so ernst genommen zu werden wie meine Kollegen“ (ID 21)

„Ich habe öfter erlebt, dass in Meetings nur mit den männlichen Kollegen gesprochen wurde, selbst wenn ich eine Frage stellte, wurde meinem Kollegen darauf geantwortet. Mir wurde häufiger gesagt, dass ich eine Mitschrift anfertigen soll. […] “ (ID 33)

17 In diesem Zusammenhang verzichten wir auf eine Quantifizierung der Nennungen, da diese anekdotisch und thematisch weit gestreut ausfallen.

(2) In kommunikativen Zusammenhängen machen sie die Erfahrung, zunächst als weniger kompetent beurteilt zu werden und sich in der Rolle der passiv Lernenden wiederzufinden (**Mansplaining**: Ihnen wird die Welt der Informatik erklärt).

„Einige Kollegen versuchten, mir die Grundlagen der Informatik zu ‚erklären', obwohl sie wussten, dass ich Informatik studiert habe. Das sogenannte ‚Mansplaining' geschieht ziemlich oft." (ID 26)

„So viel Mansplaining! Außerdem ignorieren, unterbrechen etc. Es dauert mit neuen Kollegen immer eine Weile bis sie mich respektieren." (ID 80)

(3) Am Arbeitsplatz Teil einer Minderheit zu sein, führt zu einer Fokussierung der Geschlechtszugehörigkeit und damit zu einer **Akzentuierung und Hervorhebung von Weiblichkeit**. Als Angehörige einer Minderheit im beruflichen Kontext repräsentieren sie alle Frauen und werden im Arbeitskontext angehalten, die „weibliche Perspektive" einzubringen.[18] Gleichzeitig wirkt das Stereotyp der mangelnden technischen Begabung von Frauen und kompetente IFI-Absolventinnen werden als „Ausnahmefrauen" markiert. Dies bedeutet sowohl für die Kommunikation (Erklärungslast) als auch für die eigene Geschlechterrollenidentität (keine „normale" Frau zu sein) eine schwierige soziale Konstellation.

„Aussagen von (engen) Kollegen wie z.B. ‚Ich als Informatiker (denke es sollte so umgesetzt werden)', ‚Da denke ich einfach technisch', ‚Du bist hier vermutlich fürs Design/Testen zuständig'. Annahme, dass Frauen nicht technisch denken können und keine räumliche Vorstellung haben. [Ich] bin sicherlich 10.000 Mal gefragt worden, wie ich ALS FRAU zu Informatik komme." (ID 34)

„Zu viele Situation in den Richtungen: Planung, Struktur und UI und UX wo man immer zu hören kriegt, du bist doch die Frau hier." (ID 24)

„Ich habe oft Sätze gehört, dass ich das für eine Frau ja doch ganz gut kann." (ID 33)

---

[18] Das Phänomen, als Person automatisch eine Minderheitengruppe zu repräsentieren, hat Kanter bereits in den 70er Jahren beschrieben und dafür den Begriff „Token" geprägt (Kanter 1977). Als Wirkungstendenzen des Tokenismus beschreibt sie unter anderem Exponiertheit und potenziellen Leistungsdruck sowie die Polarisierung und Verfestigung von Unterschieden (Majoritäts- vs. Minoritätszuschreibungen) – statt ihrer Auflösung.

(4) Im Rahmen der gesellschaftlichen Arbeitsteilung übernehmen Frauen immer noch mehrheitlich die Fürsorgearbeit in der Phase der Familiengründung. Doch gleichzeitig verändern sich Familienstrukturen und paritätische Modelle der Aufteilung von Fürsorge- und Erwerbsarbeit gewinnen langsam an Bedeutung (vgl. den Väterreport, herausgegeben vom BMFSFJ 2023). Die einfache Gleichsetzung von Frauen, **Kind und Familie** und Ausscheiden aus der Erwerbstätigkeit ist nicht länger fundiert – kann aber in der Wahrnehmung der Arbeitgeber als **Karrierehindernis** fungieren.

„Ich möge bitte nicht so schnell durch Schwangerschaft ausfallen…“ (ID 57)

(5) **Mangelnde Lohngerechtigkeit**: Männliche Kollegen erhalten mehr Geld bei ähnlicher Leistung. Der Gender Pay Gap ist insgesamt ein wichtiges Thema, in der IT-Branche angesichts des Fachkräftemangels und als Ansatz der Bindung von qualifizierten Frauen umso mehr.[19]

„Ich wurde (trotz ausgiebiger Verhandlung meinerseits) mit 10 % weniger Gehalt eingestellt als ein schlechter qualifizierter männlicher Kollege. Ich habe die meiste Zeit weniger Vergütung bekommen als männliche Kollegen.“ (ID 80)

(6) Frauen erfahren eine **sexistische Ansprache** (z.B. in Form von Verniedlichungen), bis hin zur sexuellen Belästigung.

„Verniedlichung und Kosenamen wie Schnucki oder ähnliches, um fachlich Aussagen zu diskreditieren.“ (ID 34)

„Kollegen haben körperliche Grenzen überschritten in Meetings, die zu zweit stattgefunden haben. In Fahrstühlen oder ähnlichen Räumen ohne Fluchtmöglichkeit haben sich Kollegen mir gegenüber unanständig geäußert. Es gab Bemerkungen von Kollegen, dass Frauen in der IT eh nichts können und sich die Stellen erschlafen.“ (ID 33)

Zusammenfassend lässt sich sagen: (Auch) IFI-Absolventinnen waren in einem männlich dominierten Arbeitsumfeld in einem relativ hohen Maße mit stereotypen Vorstellungen konfrontiert oder haben sogar Benachteiligungen erlebt – trotz der hohen subjektiv erfahrenen Wertschätzung. Die in den offenen Nennungen enthaltenen Schilderungen tangieren verschiedene Dimensionen

---

19 Vgl. exemplarisch: <https://www.personalwirtschaft.de/news/verguetung/fuenf-gruende-warum-wir-uns-einen-gender-paygap-in-der-it-branche-nicht-mehr-leisten-koennen-157164/>, Zugriff am 24.06.2024.

von Diskriminierungserfahrungen und verweisen darauf, dass die Forderung „Fix the System!" in Unternehmen dringend Beachtung verdient.

Die insgesamt doch positive Bilanzierung, die sich in diesem Zusammenhang über die wahrgenommene Wertschätzung ausdrückt, legt zum einen eine ausgeprägte Resilienz der IFI-Absolventinnen gegenüber irritierend negativen Erfahrungen am Arbeitsplatz nahe. Sie scheinen in ihrem fachlichen Selbstkonzept ausreichend gefestigt zu sein, um sich im Arbeitsalltag behaupten zu können. Zum anderen vermuten wir, dass IFI-Absolventinnen, aufgrund eben dieses Selbstkonzepts und im Bewusstsein um ihren professionellen Wert, sich tendenziell auf dem Arbeitsmarkt Arbeitgeber suchen, die ihren Erwartungen an Arbeitsbedingungen und Wertschätzung entsprechen. Berufliche Wertorientierungen und Zufriedenheiten der IFI-Absolventinnen mit ihrem aktuellen Arbeitsplatz sind Themen des folgenden Kapitels.

Zufriedenheit im Beruf

Berufsbezogene Werte: ein hohes Maß an Selbstbestimmung

Die beruflichen Werteorientierungen von IFI-Absolventinnen fokussieren die Dimensionen Work-Life-Balance (Top Two-Wert 95 %), Selbstbestimmung bei der Arbeit (Selbstorganisation, 89 %) und persönliche (inkl. fachliche) Weiterentwicklung (86 und 91 %). Karriereaspekte, viel Geld zu verdienen (70 %) und in eine Führungsposition einzumünden (30 %) spielen für IFI-Absolventinnen durchaus als Orientierungen eine Rolle, sind jedoch in der Gesamtverteilung nachgeordnete Größen.

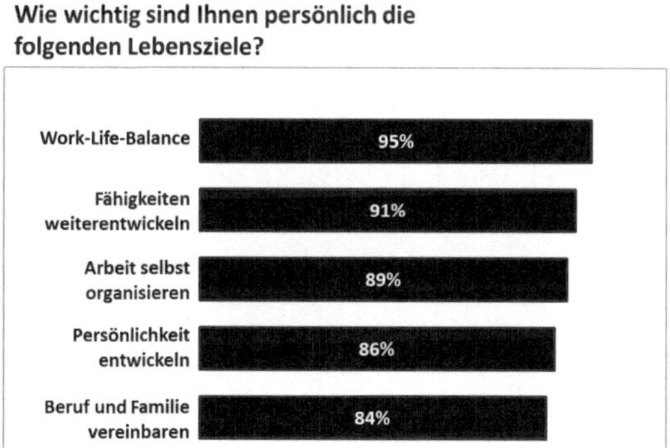

Abbildung 9: Die Top-Five Werte von IFI-Absolventinnen.

Zufriedenheit mit der aktuellen Beschäftigung (und mit der Lebenssituation)

Insgesamt sind IFI-Absolventinnen sowohl mit ihrer beruflichen als auch mit ihrer Lebenssituation sehr zufrieden. Neun von zehn geben an, mit ihrer Lebenssituation sehr zufrieden bzw. zufrieden zu sein (Top Two-Wert 91 % | ø 1.7), für acht von zehn trifft das auch auf ihre berufliche Situation zu (Top Two-Wert[20] 82 % | ø 2.0).

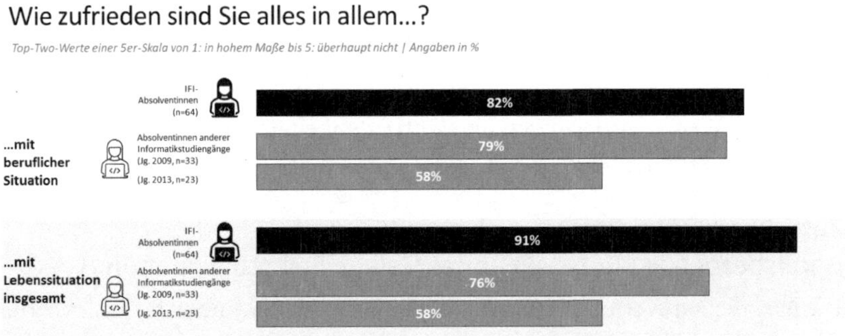

Abbildung 10: Lebens- und Berufszufriedenheit von IFI-Absolventinnen.

Die Gegenüberstellung der Lebens- und Berufszufriedenheit von IFI-Absolventinnen und Absolventinnen anderer Informatikstudiengänge der DZHW-Befragungen ist aufgrund sehr geringer Fallzahlen der zweiten DZHW-Befragungswellen beider Jahrgänge nur eingeschränkt möglich.[21] Weiterhin muss bei der Interpretation der Ergebnisse aus den DZHW-Vergleichsgruppen bedacht werden, dass rund 20 bis 25 % der qualifizierten Informatikerinnen das IT-Berufsfeld verlassen haben (siehe Abbildung zum Verbleib in der IT). In der Tendenz lässt sich sagen, dass das 2013er Sample sowohl im Hinblick auf den Beruf als auch die Lebenssituation fünf Jahre nach Abschluss deutlich unzufriedener scheint als die befragten IFI-Absolventinnen. Das Sample

[20] Top Two Wert einer 5er-Skala von 1: in hohem Maße bis 5: überhaupt nicht.

[21] Ergebnisse der zweiten Befragungswelle der 2009er Absolvent*innen im Bereich Informatik, fünf Jahre nach ihrem Abschluss mit den Fallzahlen: männlich = 189, weiblich = 33. Für die 2013er DZHW Absolvent*innen sind die Fallzahlen: männlich = 96, weiblich = 23.

des Jahrgangs 2009 zeigt hingegen eine sehr ähnliche Berufszufriedenheit und eine etwas niedrigere Zufriedenheit mit der Lebenssituation insgesamt.

Einzelne Aspekte der beruflichen Tätigkeit erleben IFI-Absolventinnen besonders positiv: Die Sicherheit der Beschäftigung, die Kollegialität am Arbeitsplatz sowie das gute Arbeitsklima, die Arbeitsbedingungen insgesamt und eine gute Balance aus Privat- und Berufsleben.

Mit den Tätigkeitsinhalten, der beruflichen Position und der Qualifikationsangemessenheit ihrer aktuellen Beschäftigung sind IFI-Absolventinnen ebenfalls sehr zufrieden.

Als relative Schwächen (mit unterdurchschnittlicher Bewertung) aus Sicht der IFI-Absolventinnen kristallisieren sich mangelnde Aufstiegsmöglichkeiten und Fort- und Weiterbildungsmöglichkeiten in den ausgeübten Berufen heraus.

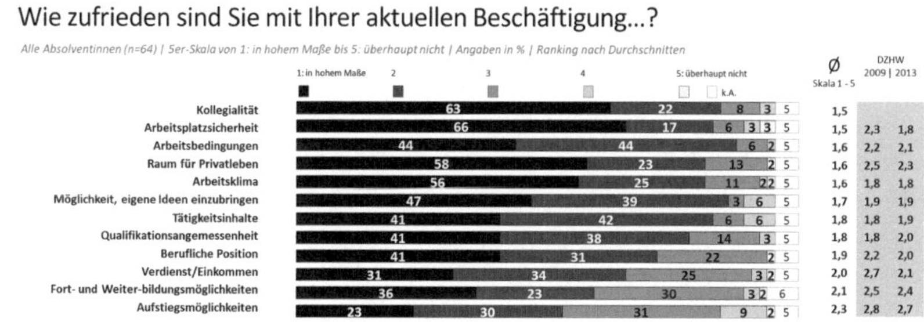

Abbildung 11: Detailzufriedenheiten Beschäftigung (inkl. DZHW-Vergleichsgruppe).

Anknüpfend an die beruflichen Wertorientierungen weisen IFI-Absolventinnen bei dem Aspekt „Raum für Privatleben“, „Arbeitsbedingungen“ als Gesamtkategorie und „Möglichkeit, eigene Ideen einzubringen“ hohe Zufriedenheitswerte auf. Es gelingt ihnen scheinbar größtenteils, ihre beruflichen Vorstellungen im Rahmen ihrer beruflichen Tätigkeit zu verwirklichen.

Die Zufriedenheitswerte der IFI-Absolventinnen liegen fast durchgängig auf einem höheren Niveau als die der DZHW-Vergleichsgruppen. Trotz geringer Fallzahlen in den Vergleichsgruppen der Informatikerinnen (fünf Jahre nach dem Erwerb des Hochschulabschlusses) wird die Tendenz deutlich sichtbar: IFI-Absolventinnen sind mit vielen Aspekten ihrer Berufstätigkeit deutlich zufriedener. Besonders große Unterschiede bestehen beim Einkommen,

Arbeitsbedingungen, Familienfreundlichkeit und Work-Life-Balance und Beschäftigungssicherheit.

Fazit

Die Antwort auf die Frage, wie sich IFI-Absolventinnen in der IT-Berufswelt behaupten, lautet schlicht: gut. Hinzufügen möchte man: überraschend gut. Doch zunächst sei das Attribut „gut" ausgeführt. Es bezieht sich auf die Ergebnisse zur größtenteils problemlosen Einmündung von IFI-Absolventinnen in den Beruf, ihre erfolgreichen Bewerbungen auf eine Einstiegsstelle bei Unternehmen, die sie im Hinblick auf Position, das Niveau der Aufgaben und die fachliche Qualifikation angemessen beschäftigen.

Auch im Verlauf ihres Berufslebens bleiben IFI-Absolventinnen angemessen, das heißt auch: fachlich ihrer Qualifikation entsprechend beschäftigt. Bemerkenswert ist, in welchem überdurchschnittlichen Maße sie auch nach mehrjähriger Berufstätigkeit in der IT-Branche verbleiben! Sie weisen eine starke Erwerbsorientierung auf, arbeiten überdurchschnittlich viel und unterbrechen ihre Erwerbsphasen relativ selten für längere Zeit (selbst in Kombination mit Familienzeiten).

Die subjektiven Kennzahlen des beruflichen Erfolgs – eine hohe Gesamtzufriedenheit sowie überdurchschnittlich hohe Zufriedenheit mit wichtigen Aspekten der aktuellen Beschäftigung – sprechen für eine hohe professionelle Bindung. IFI-Absolventinnen schaffen es, im realen Arbeitsmarkt ihre berufsbezogenen Werte weitestgehend zu verwirklichen.

Das Attribut „Überraschend" aus der Anfangsbehauptung markiert die Beharrlichkeit der männlichen Fach- und Unternehmenskultur in der IT-Branche. Stereotype sind für viele der IFI-Absolventinnen durchaus ein Bestandteil ihrer Berufserfahrungen, doch scheinen sie gegenüber negativen Erfahrungen in der IT-Branche eine höhere Resilienz zu haben, suchen sich möglicherweise auch Arbeitgeber, die ihren Vorstellungen entsprechen und sie als kompetente Mitarbeiterinnen wertschätzen.

In dieser Bilanzierung leistet der IFI-Studiengang einen positiven und nachhaltigen Beitrag zur Gewinnung von Frauen für die Informatik, indem er Studentinnen angemessen qualifiziert und ihnen ein belastbares professionelles Selbstverständnis vermittelt.

Das ist eine gute Leistung, doch aus der Systemperspektive betrachtet nicht genug. Der Ansatz „Fix the (IT-)System“ kann und sollte von Wirtschaft, Wissenschaft und Politik unbedingt weiterverfolgt werden, damit Frauen erst gar nicht lernen müssen, stereotype Einwürfe zu parieren. Bis irgendwann bald die eine Aussage einer IFI-Absolventin von allen Informatikerinnen geteilt werden kann: „Meine Kollegen respektieren mich und die Arbeit, die ich leiste.“

Literatur

Ahmadi, Michael; Eilert, Rebecca; Weibert, Anne; Wulf, Volker & Marsden, Nicola (2019): Hacking Masculine Cultures—Career Ambitions of Female Young Professionals in a Video Game Company. In: Joan Arnedo, Lennart E. Nacke, Vero Vanden Abeele und Z. O. Toups (Hg.): Proceedings of the Annual Symposium on Computer-Human Interaction in Play. CHI PLAY ‘19: The Annual Symposium on Computer-Human Interaction in Play. Barcelona Spain, 22.10.2019–25.10.2019. New York, NY, USA: ACM, S. 413–426.

Ahmadi, Michael; Eilert, Rebecca; Weibert, Anne; Wulf, Volker & Marsden, Nicola(2020): *Feminist Living Labs as Research Infrastructures for HCI: The Case of a Video Game Company.* Paper presented at the Proceedings of the 2020 CHI Conference on Human Factors in Computing Systems.

BMFSFJ 2021 (Hrsg.): Dritter Gleichstellungsbericht. Digitalisierung geschlechtergerecht gestalten. Online abrufbar unter: <https://www.bmfsfj.de/resource/blob/184544/c0d592d2c37e7e2b5b4612379453e9f4/dritter-gleichstellungsbericht-bundestagsdrucksache-data.pdf> (Zugriff am 03.07.2024).

BMFSFJ 2023 (Hrsg.): Väterreport 2023. Entwicklungen und Daten zur Vielfalt der Väter in Deutschland. Online abrufbar unter: <https://www.bmfsfj.de/resource/blob/230374/1167ddb2a80375a9ae2a2c9c4bba92c9/vaeterreport-2023-data.pdf> (Zugriff am 20.06.2014).

Hemphill-Merrills, Andrea (2016): A qualitative exploration of the workplace culture of women in Information Technology careers.

Iclaves S. L. (2013): Women Active in the ICT Sector. Im Auftrag der Europäischen Kommission. Online Abrufbar unter: <http://www.igualdadenlaempresa.es/enlaces/webgrafia/docs/women_active.pdf> (Zugriff am 29.07.2024).

Kanter, Rosabeth Moss (1977): Some Effects of Proportions on Group Life: Skewed Sex Ratios and Responses to Token Women. In: American Journal of Sociology 82 (March 1977), S. 965–990.

Kompetenzzentrum 2023a: Mädchen und Frauen in die Informatik: Aktivierungspotenziale und Erfolgsfaktoren. Handlungsempfehlungen Bildung. Online abrufbar unter: <https://www.kompetenzz.de/statische_inhalte/Handlungsempfehlungen_Bildung.pdf> (Zugriff am 20.06.2024).

Marsden, Nicola; Ahmadi, Michael; Wulf, Volker & Holtzblatt, Karen (2021): Surfacing challenges in scrum for women in tech. *IEEE Software, 39*(6), 80–87.

McKinsey 2023: Women in tech: The best bet to solve Europe's talent shortage. Online abrufbar unter: <https://www.mckinsey.com/capabilities/mckinsey-digital/our-insights/women-in-tech-the-best-bet-to-solve-europes-talent-shortage> (Zugriff am 29.07.2024).

Pedersen, Daphne E. & Minnotte, Krista Lynn.(2017): Workplace climate and STEM faculty women's job burnout. *Journal of Feminist Family Therapy, 29*(1–2), 45–65.

Tsakissiris, Jane & Grant-Smith, Deanna (2021): The influence of professional identity and self-interest in shaping career choices in the emerging ICT workforce. *International Journal of Work-Integrated Learning, 22*(1), 1–15.

Innovative Strategien zur Erhöhung des Frauenanteils in IT-Studiengängen

Sara Nill
hallo@female-techtalk.com

Juliane Siegeris
siegeris@htw-berlin.de

ABSTRACT
Das Paper thematisiert die Herausforderung, den Frauenanteil in IT-Studiengängen zu erhöhen, um dem wachsenden Fachkräftemangel und der nicht vorhandenen Geschlechterparität in der Informatik entgegenzuwirken. Der Fokus des Papers liegt auf dem monoedukativen Studiengang „Informatik und Wirtschaft" (FIW) an der HTW Berlin, der erfolgreich Frauen für ein Informatikstudium gewinnt. In dem Paper wird die Werbung für den Studiengang - d.h. verwendete Inhalte und Kanäle vorgestellt. Die Ergebnisse zeigen, dass mit gezielten Botschaften, wie der Betonung der Machbarkeit ohne Vorkenntnisse und mit innovativen Formaten, wie dem Podcast „Female Techtalk", neue Studierendengruppen angesprochen werden können. Abschließend wird diskutiert, inwieweit diese Ansätze auch für gemischte Studiengänge übernommen werden sollten, um den Frauenanteil in der Informatik zu erhöhen.

Ausgangssituation und Zielstellung

Um die Anforderungen der wachsenden digitalen und technologischen Märkte erfüllen zu können, besteht ein wachsender Bedarf an Informatiker:innen. Laut einer repräsentativen Befragung der Bitkom in Unternehmen aller Branchen konstatieren 74 Prozent der Unternehmen aktuell einen Mangel an IT-Spezialisten, vgl. [BI22].

Eine Möglichkeit ist die verstärkte Gewinnung von Frauen für die IT. Hier ist noch viel Potential, da der Frauenanteil in den 1700 IT-nahen Studiengängen nur knapp 23 Prozent ausmacht, vgl. [stBu24].

Laut dem Centrum für Hochschulentwicklung (CHE), ist unter den weiblichen Studienanfängerinnen der Informatik ein leichter Aufwärtstrend erkennbar. Bei gleichbleibender Steigerung des Frauenanteils (7 Prozentpunkte in 10 Jahren) würde es allerdings noch 40 Jahre bis zur Geschlechterparität bei den Studienabschlüssen im Fach dauern, vgl. [CHE22]

40 Jahre sind fast ein halbes Jahrhundert und alle Ideen, Initiativen und Programme, die dazu beitragen, dass sich schon jetzt mehr Menschen für ein Informatikstudium entscheiden, sind wichtig.

Ein Grund für den geringen Frauenanteil unter Informatik-Studierenden ist das Image der Informatik. Das typische Bild der Informatik ist immer noch geprägt durch eine stereotype und eher unsoziale Darstellung. Die Stereotype betreffen die Menschen des Fachgebiets (z.B. isoliert, auf Technologie fokussiert), die Arbeit (wenig kollaborativ, wenig sozial) und die Werte (maskuline Interessen, „genius"). Transportiert werden diese Stereotype durch die Medien, aber auch durch die Umgebung und die Menschen des Fachgebiets, vgl. [CMM15]. Ein aktuelles Beispiel für die unsoziale Darstellung liefert eine Bildersuche für den Begriff Informatik, vgl. Abbildung 1.

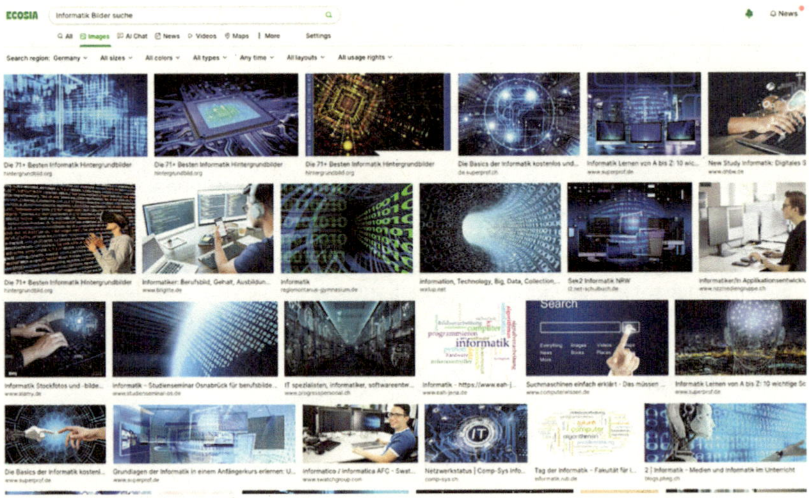

Abbildung 1: Suchergebnis „Informatik Bildersuche" vom 2.7.2024.

Die Vielfalt des Berufsbildes wird nicht sichtbar und weibliche Vorbilder fehlen. Fragt man Chat GPT „Was macht Informatik als Berufsfeld aus", werden mögliche Aufgabengebiete aufgezählt, unter denen man sich als Schüler:in aber womöglich nichts vorstellen kann. Etwas interessanter wird es, fragt man: „Wie kann ich mir eine Arbeit als Informatikerin vorstellen?" Hier wird immerhin schon zwischen Tätigkeiten und Arbeitsumgebung unterschieden und damit eine Vielfalt im Arbeitsfeld etwas deutlicher sichtbar. Gefragt nach „dem typischen Bild eine:r Informatiker:in" bestätigt Chat GPT, dass stereotype Klischees immer noch verbreitet sind, stellt dem jedoch explizit eine vielfältige Realität entge.gen: „...breites Sepktrum an Tätigkeiten und erfordert eine Mischung aus technischen Fähigkeiten, Kommunikationsfähigkeiten und Teamarbeit. Die Branche wächst und entwickelt sich ständig weiter, und mit ihr das Bild des modernen Informatikers." (Chat GPT 4.0. vom 2.7.2024)

Das CHE ist in der Studie FRUIT - Frauen in der IT der Frage nachgegangen, wie mehr Studentinnen für die Informatik gewonnen werden können und untersucht, wie Informatik- Studiengänge für Frauen attraktiver gestaltet werden können. Dabei haben sich die folgenden drei Handlungsfelder als wichtig herausgestellt, vgl. [Fri_etal18]:

1. ansprechende Werbung für den Studiengang
2. attraktive Konzeption des Studiengangs
3. gute Betreuung und Unterstützung der Studentinnen

Für alle drei Handlungsfelder wurden passende Empfehlungen abgeleitet. Diese beinhalten u.a. die Aufforderungen weibliche Vorbilder sichtbar zu machen und ein konkretes Bild vom späteren Berufsleben zu vermitteln.

Nach einer kurzen Vorstellung des Studiengangs wird es in diesem Paper vorrangig um das erste Handlungsfeld - die ansprechende Werbung für ein Informatik Studium - gehen. Wir werden dafür zunächst die bisherigen Kanäle und Inhalte der Ansprache am Beispiel des Studiengangs Informatik und Wirtschaft (FIW) vorstellen und deren Ergebnis anhand aktueller und historischer Zahlen von Bewerbungen und Immatrikulationen betrachten. Im Anschluss wird diskutiert, ob und inwieweit die vermittelten Botschaften auch für die Werbung für ein „normales" Informatikstudium eingesetzt werden sollten.

Kurzvorstellung des Frauenstudiengangs Informatik und Wirtschaft (FIW)

Der Studiengang „Informatik und Wirtschaft" (<https://fiw.htw-berlin.de/>) ist ein monoedukativer BA-Studiengang. Er ist einer von zahlreichen Informatik Studiengängen der HTW-Berlin. FIW immatrikuliert einmal pro Jahr (immer zum Wintersemester) etwa 40 Studentinnen. Inhaltlich ist der Studiengang mit etwa 80% Informatik und 20% Wirtschaft zwischen der

„Angewandten Informatik“ und der „Wirtschaftsinformatik“ angesiedelt. Bis auf die Monoedukation unterscheidet sich der Studiengang nicht von den Anforderungen und Charakteristika anderer Studiengänge.

Der Studiengang besteht seit 2009 und wird seitdem mit sehr viel Engagement durch ein gemischt geschlechtliches Team geführt und weiterentwickelt. Die Attraktivität des Studiengangs spiegelt sich u.a. in den Zahlen von Bewerberinnen und Immatrikulationen wider, vgl. Abbildung 2.

Jahr	WS15	WS16	WS17	WS18	WS19	WS20	WS21	WS22	WS23
Bewerbungen	199	225	250	215	194	162	123	166	170
Immatrikulationen	40	44	52	40	39	42	38	46	46

Abbildung 2: Bewerbungen und Immatrikulationen für den Studiengang FIW zwischen 2015 und 2023.

Seit 2015 wird in der ersten Woche des Studiums eine Befragung unter den frisch immatrikulierten Studentinnen durchgeführt. Ziel der Umfrage ist es, Hintergründe und Motivation für die Wahl dieses monoedukativen Angebots zu erfragen. Die Ergebnisse der Evaluation vgl. [Sie22] zwischen 2015 und 2023 zeigen, dass die Monoedukation für die Wahl eines Informatikstudiums bei mehr als der Hälfte der Studentinnen ein ausschlaggebendes Merkmal für die Wahl des Studiums war.

Gefragt nach Ihrer Motivation antworteten 73% der Studentinnen auf die Frage: „Warum haben Sie sich für diesen Studiengang beworben?“ mit „wegen der guten Berufsaussichten.“ Allerdings gaben mehr als die Hälfte der Befragten (58 %) an, dass die Tatsache, dass es sich um ein Studium nur für Frauen handelt, ein Grund war, sich für FIW zu bewerben, vgl. Abbildung 3.

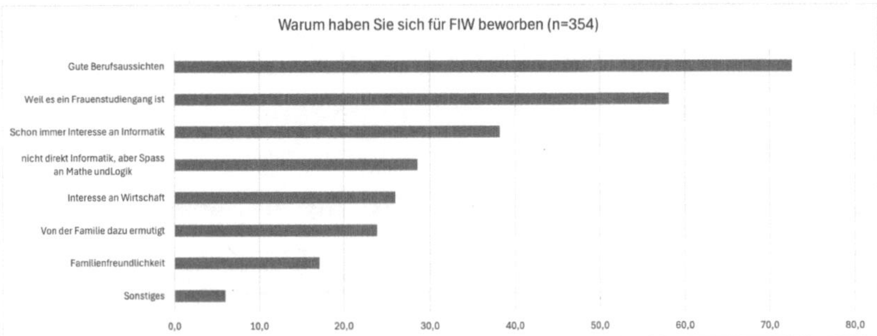

Abbildung 3: Erstsemesterevaluation 2015–2023 - Warum haben Sie sich für FIW beworben? (in Prozent).

Bei der Entscheidung für FIW ist die Aussage sogar noch überzeugender: So geht aus den Daten hervor, dass fast 80% der Studienanfängerinnen ohne FIW im jeweiligen Jahr nicht Informatik studiert hätten, vgl. [Sie22]. Gefragt nach alternativen Bewerbungen, gaben 30% der Studentinnen an, sich nur für FIW beworben zu haben. Weitere 25% bewarben sich neben FIW nur für nicht-IT-bezogene Studiengänge. Die anderen Studentinnen hatten sich neben FIW auch für mindestens einen weiteren IT-Studiengang beworben. Von diesen Studentinnen haben 24% keine oder eine zu späte Zusage erhalten. Von den Studentinnen mit Zusage (21%) gab eine Mehrheit (16%) FIW explizit als ihre erste Wahl an.

Es zeigt sich darüber hinaus, dass die Diversität innerhalb der gewonnenen Studentinnen mit Blick auf Dimensionen wie Alter, Ethnie und Berufserfahrung und Elternschaft im Studiengang besonders hoch ist, vgl. [Sie22].

Beides sind Indizien dafür, dass es mit dem Studiengang tatsächlich gelingt, eine neue Klientel anzusprechen. Wir werden im Folgenden die bisherigen Instrumente des Studiengangs für die Ansprache - also Kanäle und Inhalte - vorstellen und auf ein neues Format - den Podcast Female Techtalk näher eingehen.

Werbung für FIW - Welche Kanäle funktionieren wie gut?

In der Erstsemesterbefragung stellen wir die Frage, wie sie auf den Studiengang aufmerksam geworden sind. Abbildung 4 zeigt die Antworten aus den Jahren 2015–2023.

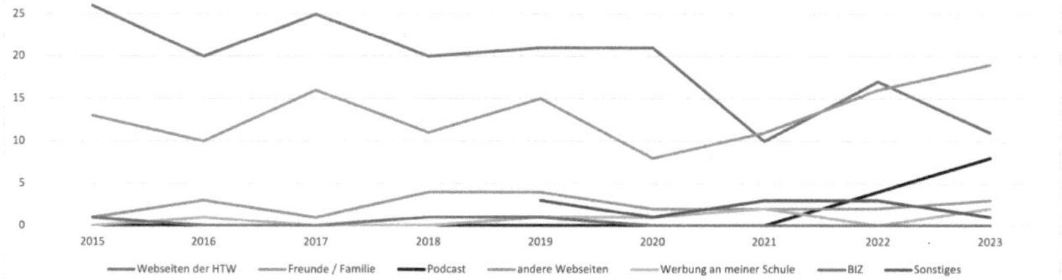

Abbildung 4: Erstsemesterevaluation 2015–2023 - Werbekanäle und Wirksamkeit (absolut).

Während wir in der Vergangenheit verlässlich über die Webseite rekrutiert haben, ist dieser Kanal etwas rückläufig. Dafür funktioniert die Werbung über Freunde und Familie anhaltend gut und mit leicht steigender Tendenz. Seit Oktober 2021 gibt es den Podcast Female Techtalk (<https://www.femaletechtalk.com/>), der von FIW-Studentinnen ins Leben gerufen wurde. Um zu erfahren, ob dieser Kanal zur Rekrutierung beiträgt, wurde er ab 2022 in die Umfrage integriert. Gleich im ersten Jahr sind 4 Studentinnen durch den Podcast auf den Studiengang aufmerksam geworden. Im folgenden Jahr hatte sich das bereits verdoppelt.

Der Podcast bietet neue Möglichkeiten Menschen zu erreichen. Mit Hilfe zwangloser Gespräche ist eine viel persönliche Ansprache als nur mit Texten und Bildern möglich. Besonders ist außerdem die Perspektive, da hier die Darstellung des Studiengangs aus Sicht von Studierenden und Alumnae geschieht.

Podcast Female Techtalk

Die Idee und Motivation für den Podcast kam den beiden Hosts Sara Nill und Elisabeth Steffen während ihres eigenen Informatikstudiums. Auch sie hatten viele Zweifel und Sorgen zu Beginn des Studiums und wollten durch den Podcast das Informatikstudium und die Informatik generell nahbarer und greifbarer machen. Schon der Jingle des Podcast soll mit den Sätzen: „Wir wollen in diesem Podcast mit Klischees aufräumen und euch zeigen, wie vielfältig und bunt Tech sein kann. Damit ihr alle checkt, wie geil Informatik ist.“, dazu beitragen, das Image der Informatik aufzubrechen und die Informatik aus einer unkonventionellen Perspektive zu betrachten. Der Stil des Podcast ist lebhaft und interaktiv. Die Zuhörer:innen werden mit auf eine Reise durch die Welt der Informatik genommen, indem die Hosts ihre eigenen Erfahrungen teilen, Anekdoten erzählen und Fragen der Zuhörer:innen beantworten. Bisher gibt es die drei Staffeln: „Was lernt man in einem Informatikstudium?“, „Die bunte Welt der Informatik“ und „Portraits verschiedener Frauen in der Informatik.“

In der ersten Staffel beschäftigte sich der Podcast mit dem Curriculum des Studiengangs Informatik und Wirtschaft. Jedes Informatikfach bekommt eine eigene Folge. Im Zwiegespräch zwischen den beiden Hosts werden die

Inhalte auf unterhaltsame und zugängliche Art vermittelt. Dadurch erhält das Publikum Eindrücke zu Lehrinhalten von Fächern, wie z.B. Rechnernetze, Datenbanken, verteilte Systeme und Softwaretechnik, aber auch sehr persönliche Einblicke in Herausforderungen und Erfolgserlebnisse beim Einstieg in die Materie. In der zweiten Staffel geht es vorrangig um Herausforderungen rund um ein (Informatik-)Studium. Hier werden Themen wie Quereinstieg, Studieren mit Kind, Mental Load, Abschlussarbeit, Bewerbungsprozess, Gründung oder der Einstieg ins Berufsleben diskutiert. Das Ziel der dritten Staffel war es, verschiedene Informatikerinnen zu porträtieren und mit ihnen über ihren Weg in die Informatik, ihren Werdegang, ihre Herausforderungen und ihr heutiges Berufsleben zu sprechen. Es wurden 16 Frauen mit sehr unterschiedlichen Geschichten porträtiert. Rekrutiert wurden Sie aus den Alumnae des Studiengangs und Follower:innen des Podcasts.

Die Resonanz auf den Podcast ist sehr positiv, mit einem wachsenden Publikum, das das Format und die Inhalte schätzt. Die Zuhörer:innen loben die verständlichen Erklärungen und den unterhaltsamen Stil. Beispielhaft ein Zitat, welches die Hosts über Instagramm erreichte:

> *„Hallöchen, ich finde euren Podcast richtig geil, nur weiter so!! Studiere selbst Informatik, und finde ihr erklärt komplexe Dinge super einfach! Leider gibt es NOCH nicht so viele Studentinnen, die sich für Informatik interessieren, aber vielleicht merken viele durch euch, dass Informatik nicht nur etwas für Männer ist! Danke für diesen tollen Podcast."*
>
> Zitat einer Hörerin auf Instagram

Female Techtalk hat mittlerweile über 50 Episoden veröffentlicht und die 4. Staffel ist bereits in Planung. Momentan (Stand Juni 2024) wurden die Episoden über 28.000-mal gehört und auf Spotify folgen dem Podcast mittlerweile über 1000 Hörer:innen. 72% der Hörer:innen auf Spotify sind weiblich und der Großteil zwischen 23–44 Jahren alt.

Abbildung 5: Statistik des Podcasts Female Techtalk vom 26.06.2024 (Screenshot Spotify for Podcasters).

Vermittelte Botschaften

Ein Fokus in den Inhalten aller vorgestellten Formate ist die Machbarkeit eines Informatikstudiums ohne Vorkenntnisse in der IT. Über die Website und in Vorträgen wird das direkt mit dem Slogan **„Wir fangen bei Null an.“** adressiert. Im Podcast ist das inhärent, da die beiden Hosts - selbst Quereinsteigerinnen in die IT - genau diese Machbarkeit selbst vorleben und auch immer wieder explizit ansprechen.

Das Ziel dieser Botschaft ist es, Frauen zu gewinnen, die sich zwar für das Fach interessieren, sich aber nicht trauen, sich zu bewerben, weil sie davon ausgehen, dass IT-Vorkenntnisse eine Voraussetzung sind.

Dass sich Frauen bei FIW ein Studium der Informatik zutrauen, obwohl sie in der eigenen Wahrnehmung über keine IT-Kenntnisse verfügen, wird in der Erstsemesterevaluation aus den Antworten auf die Frage: „Haben Sie bereits mit Informatik zu tun gehabt?“ deutlich. Hier antworten 47 % der Befragten direkt mit „Nein“, vgl. Abbildung 6. Vorkenntnisse aus der Schule bringen 15 % mit. Das ist ein großer Unterschied zu gemischten Studiengängen. Hier sagen ca. 60–70 % der Studierenden, dass sie Kurse an der Schule belegt haben, vgl. [RoSc06].

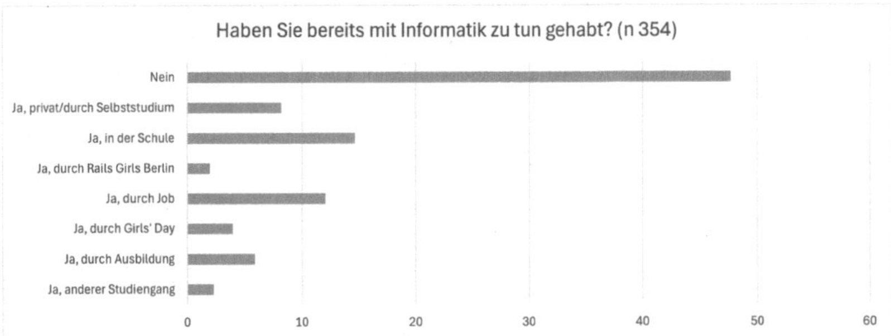

Abbildung 6: Erstsemesterevaluation 2015–2023 - Angaben zu IT-Vorkenntnissen (in Prozent).

Die Bedeutung dieses Kriteriums wird auch aus zahlreichen Bemerkungen im Podcast deutlich. Stellvertretend hier folgendes Zitat:

> *„...mir euren Podcast empfohlen und den habe ich dann halt ganz interessiert gehört und dachte dann naja gut, ihr studiert ja auch Informatik ohne Vorwissen, vielleicht könnte das doch was sein.“*
>
> Zitat einer Hörerin

Weitere Botschaften, die wir auf der Webseite und in Vorträgen für die Werbung des Studiengangs verwenden, sind **„Familienfreundliche Präsenz.“** und **„Fragen willkommen.“**

Die familienfreundliche Präsenz wurde bereits mit dem Start des Studiengangs eingeführt. Organisatorisch wurde für FIW durchgesetzt, dass Studentinnen, die Kinder oder pflegebedürftige Angehörige haben, bei FIW eine Garantie für Präsenzzeiten zwischen 9:00 und 16:00 Uhr angeboten bekommen. FIW ist der einzige Studiengang an der HTW, der dies anbietet. Dieses Merkmal wurde in der Evaluation, vgl. Abbildung 3 immerhin bei 17% der Befragten als (ein) Grund für die Wahl des Studiums gewürdigt.

Mit der Botschaft „Fragen willkommen“ wollen wir unseren Studierenden vermitteln, dass sie hier einen geschützten Raum vorfinden und sie ermutigen, Fragen zu stellen und in ihrem Lernprozess sichtbar zu werden. In dieser Botschaft spiegelt sich das Merkmal der Monoedukation am ehesten wider. Die Literatur bestätigt, dass Frauen in gemischtgeschlechtlichen Informatikkursen eher Hemmungen haben, im Unterricht Fragen zu stellen [ACM17], bzw. dass sich Frauen durch das dominante Redeverhalten vieler männlicher Studierender weniger kompetent fühlen [SSCR15].

Für die Relevanz der dritten Botschaft „Fragen willkommen“ gibt es keine explizite Frage in der Erstsemesterbefragung. Dass der geschützte Raum, den der Studiengang bietet, angenommen wird, wird jedoch aus zahlreichen Rückmeldungen der Lehrenden deutlich. Sowohl die Stamm-Professorenschaft als auch die meisten Lehrbeauftragten unterrichten neben FIW noch in anderen Studiengängen. Unisono bekommen wir hier das Feedback, dass die Interaktivität sowohl in den Vorlesungen als auch in den Übungen deutlich ausgeprägter ist.

Auch der Podcast greift diese Themen auf. Während für die Vereinbarkeit mit Familie eine eigene Folge spendiert, wurde: „Studieren mit Kind - Geht das?“ ist das Thema der Atmosphäre in der Zusammenarbeit zwischen Männern und Frauen in vielen Folgen implizit oder explizit dabei. Beispielhaft sei hier die Folge 18: „Bildet Banden, oder: Durchboxen in der Bro Culture“ genannt.

Das Format des Podcast geht dabei weit über die Nennung einzelner Botschaften hinaus.

Anders als auf der Webseite oder in Vorträgen der Professorenschaft wird hier auf Augenhöhe und in der Sprache der Zuhörer:innen kommuniziert.

Dabei werden die Inhalte und die Machbarkeit eines (Informatik-)Studiums inklusive der Herausforderungen und Probleme diskutiert. Die eingeladenen Gäste sind Frauen, die meist erst vor kurzem in die Berufswelt eingestiegen sind. In den Gesprächen wird ihr Weg oder Umweg dorthin erfragt. Dabei wird sowohl über die Herausforderungen des Berufseintritts, aber auch über die Aufgaben und den Arbeitsalltag gesprochen. Ganz nebenbei wird darüber die Vielfalt der IT-Berufe sichtbar. Dass dies die Frauen erreicht, ist der Authentizität des Formats geschuldet und wird durch zahlreiche Rückmeldungen über Social Media deutlich. Beispielhaft hier zwei Zitate, die die Wirkung des Podcast beschreiben:

> *„Hello Female Techtalk, und vielen Dank für alles, was ihr bisher in mir geweckt habt: Interesse, Neugier, den Mut, Altes loszulassen und vor allem für das Empowerment, dass zu dem Entschluss geführt hat, einen neuen Weg zu gehen. Ab Oktober werde ich nun tatsächlich im FIW-Studiengang studieren, […]"*
>
> Zitat einer Hörerin auf Instagram

> *„Moin! Ich bin Sophie, 23 Jahre alt und wahnsinnig technikaffin. Ich bin auf euren Studiengang gestoßen und total begeistert! Im Sommer werde ich meine aktuelle Ausbildung zur Erzieherin abschließen und sehne mich danach, anschließend das Studium an der HTW zu beginnen."*
>
> Zitat einer Hörerin auf Instagram

Die Rückmeldungen aus dem Podcast bestärken unsere Ergebnisse aus der Erstsemester-Umfrage und machen deutlich, dass die Botschaften - zumindest im Kontext eines monoedukativen Studiengangs - funktionieren und es hier gelingt, eine neue Klientel für die Informatik zu erreichen.

Interessant ist, welche Botschaften allgemein - also auch für gemischte Studiengänge - sinnvoll wären, um auch hier neue Studierendengruppen anzusprechen.

In einem ersten Schritt argumentieren wir dafür, die Botschaft zu den Erwartungen an Vorkenntnisse auch für gemischt-geschlechtliche Studiengänge einzusetzen.

Laut den Autoren Margolis und Fischer entwickeln Männer oft schon als Kinder ein Interesse an Computer Science, während sich Frauen erst in der Oberschule oder danach dafür interessieren, vgl. [MaFi02]. Andere Untersuchungen bestätigen, dass Mädchen und junge Frauen weniger

Erfahrung mit Informatik-Themen haben als Jungen [CMM15], und ihre Programmierkenntnisse als geringer einschätzen [VWZ18].

Die weiblichen Studierenden der Interviews aus der Studie von Völkel, Wilkowska und Ziefle bezeichneten sich selbst häufig als Beispiel dafür, dass man auch ohne Vorkenntnisse erfolgreich sein kann, während die männlichen Teilnehmer in der Regel bereits vor Beginn ihres Studiums über Erfahrungen in der Informatik verfügten [VWZ18].

In [CoDe09] kommen die Autoren zu dem Schluss, dass die hohen Verbleibquoten von Frauen darauf hindeuten, dass es sich bei den Studentinnen um eine eher ausgewählte Gruppe von gut vorbereiteten und motivierten jungen Frauen mit klaren Karrierezielen handelt.

Beispielhaft hier ein Zitat aus [VWZ18]: For example, participant 10 explained that she was aware of the level of difficulty: "I said if I go to RWTH University and study computer science, I don't have the aim to be the best anymore. I knew that it's going to be demanding."

In der Langzeitevaluation von Romeike und Schwill werden Studierende[1] zu Beginn ihres IT-Studiums nach ihrer Vorbildung gefragt. Hier gaben 60–70% an, dass sie einen Grundkurs und bis zu 25% sogar einen Leistungskurs besucht hätten. Immerhin 10–20% der Studierenden erhielten keinen Informatikunterricht. Arbeitsgemeinschaften Informatik spielen bei der Vorbildung der Studierenden nur eine geringe Rolle (unter 10%), vgl. [RoSc06]. Laut den Autoren erkennt man aus dieser Verteilung, dass das Informatikstudium in den Augen der Interessierten ein Fach ist, für das man umfangreiche Vorkenntnisse mitbringen möchte, um optimal gerüstet zu sein. Zugleich vermuten die Abiturienten offenbar, ein Fach nicht mehr studieren zu können, wenn sie es in der Schule nicht zumindest als Grundkurs belegt haben, vgl. [RoSc06]. Zu einem ähnlichen Ergebnis kommt auch eine größer angelegte Studie, die die Motivation von Informatik-Studierenden in Finnland, Schweden und Großbritannien untersucht [Kin_etal16].

Zusammenfassend lässt sich sagen, dass die Annahme der benötigten IT-Vorkenntnisse potenziell Interessierte von einem Informatik-Studium abschreckt und dass Frauen aufgrund der geringeren Vorkenntnisse stärker betroffen sind als Männer. Die Autoren Cheryan, Master und Meltzoff sehen

[1] ohne Unterscheidung des Geschlechts.

darin den Grund, dass in den USA bereits beim Eintritt in die Hochschule die Wahrscheinlichkeit, dass Männer ein Studium der Informatik und des Ingenieurwesens anstreben, mehr als viermal so hoch ist wie bei Frauen, vgl. [CMM15].

Tatsächlich werden IT-Kenntnisse für ein Informatikstudium an deutschen Hochschulen nicht vorausgesetzt. Das zeigen zwei Studien, bei denen zum Einen IT-Dozent:innen [Ben_etal23] und zum Anderen IT-Studierende [SoKo22] nach erwarteten Vorkenntnissen in den Lehrveranstaltungen befragt werden. In den groß angelegten Studien wurden deutschlandweit Studierende und Dozent:innen aller Hochschultypen befragt. Beide Gruppen bestätigen unabhängig voneinander, dass zwar umfassende Soft-Skills von den Studierenden, gleichzeitig aber fast kein fachspezifisches Wissen erwartet wurde. Wenn überhaupt, dann werden allgemeines Wissen zum Umgang mit Computern und mathematische Kenntnisse erwartet. Interessant ist, dass in der Studie unter den Studierenden, vgl. [SoKo22], Unterschiede in der Wahrnehmung der Erwartungen zwischen Frauen und Männern beobachtet wurden. So zeigen die Daten, dass Studentinnen die Erwartungen der Dozent:innen und die Problembereiche stärker erleben. Die Ursachen dafür lassen sich in den Daten jedoch nicht finden.

Auch die Evaluation in [VWZ18] bestätigt die Ergebnisse. Hier werden Vorkenntnisse von den Studierenden als hilfreich - aber nicht notwendig eingeschätzt. Das gilt hier explizit auch für Mathematik.

Im Studiengang Informatik und Wirtschaft an der HTW wird explizit mit der Botschaft, dass keine IT-Vorkenntnisse erwartet werden, geworben. Tatsächlich gibt knapp die Hälfte der FIW-Studentinnen an, keine IT-Vorkenntnisse mitzubringen. Aus den Umfrageergebnissen zu Studienbeginn geht hervor, dass etwa 55% auch nicht woanders Informatik studiert hätten. Es liegt also nahe, dass dieses Argument für einen Großteil der Studentinnen ausschlaggebend war.

Die verbreitete Annahme, Vorkenntnisse würden benötigt, wird bestätigt durch die Vorkenntnisse, die Informatik-Studierende in gemischten Studiengängen überwiegend mitbringen. Im tatsächlichen Studienalltag an deutschen Universitäten und Hochschulen werden aber (fast) keine fachlichen Vorkenntnisse gefordert. Was liegt also näher, als das auch explizit zu sagen, um auch hier eine neue Klientel und insbesondere Frauen für ein Informatikstudium aufzuschließen.

An dieser Stelle erneut Zitate aus dem Feedback zum Podcast, die das Potential dieser Botschaft zur Gewinnung neuer Zielgruppen auch für gemischte Informatikstudiengänge verdeutlichen.

> *„Hallo ihr beiden, [...] Ich arbeite gerade als Sozialarbeiterin, bin seit zwei Jahren mit dem Studium fertig und probiere schon den dritten Job aus, in dem ich auch nicht wirklich glücklich bin. Letztes Jahr hatte ich schon mal überlegt, mich für Umweltinformatik zu bewerben aber hatte dann doch zu viel Angst, das nicht zu packen. Nächstes Jahr würde ich es aber gern versuchen. Am liebsten würde ich auch in einen Studiengang nur für Frauen aber die Themen in Umweltinformatik interessieren mich noch ein bisschen mehr."*
>
> Zitat einer Hörerin auf Instagram

> *„ [...] Ich bin, wie ihr auch, über Umwege zur Informatik gekommen und fands nicht immer einfach zwischen den Kommilitoninnen und Kommilitonen, die mit der Kommandozeile das Licht der Welt erblickt haben. Nach den Beschreibungen eures Studiengangs würde ich mich heute für euren Studiengang bewerben. Ich befürchte nur, dass mir eine entscheidende Zulassungsvoraussetzung fehlt."*
>
> Zitat eines Studenten der Angewandten Informatik der HTW Berlin

Wir haben bisher nur eine der Botschaften diskutiert. Für den Aspekt der Familienfreundlichkeit können wir nur auf vereinzelte Beschwerden von Studenten verweisen, die sich beim Frauenstudiengang darüber beschwert haben, dass sie in ihrem Studiengang von solchen Vorzügen nicht profitieren. Auch hier wäre also die Empfehlung an normale (IT-)Studiengänge, familienfreundliche Präsenzzeiten umzusetzen und zu bewerben.

Was für spezifische Botschaften bzw. Inhalte - neben den hier genannten - hilfreich wären, um mehr Frauen für ein Informatikstudium zu begeistern, wird derzeit durch eine qualitative Analyse in einer Abschlussarbeit thematisiert. Ziel ist es, Bedarfe und Hürden von Personen zu erfragen, die aufgrund Ihrer Fähigkeiten und Interessen potentielle Bewerber:innen für ein Informatik-Studiengang sein sollten, ohne es bereits zu sein. Das ist ein Unterschied zu bisherigen Studien mit ähnlicher Zielstellung z.B. [Fri_etall18, VWZ18]. In den jeweiligen Studien wurden immer bereits immatrikulierte IT-Studierende befragt. Wie bereits zuvor argumentiert, entgeht diesen Studien eventuell eine Klientel, die auch erreicht hätte werden können.

Fazit

Zusammenfassend lässt sich sagen, dass der monoedukative Studiengang „Informatik und Wirtschaft“ (FIW) an der HTW Berlin ein erfolgreiches Modell zur Gewinnung von Frauen für die Informatik darstellt. Durch passende Botschaften und innovative Kanäle wird eine neue Zielgruppe für die IT erreicht. Wir plädieren dafür, die verwendeten Botschaften - insbesondere die Machbarkeit des Studiums ohne Vorkenntnisse, auch für gemischte Studiengänge zu verwenden. Innovative Kanäle, wie der Podcast „Female Techtalk“ haben sich als effektiv erwiesen, um neue Zielgruppen zu erreichen. Auch hier das Plädoyer, mehr solcher Formate zu entwickeln, um Stereotype abzubauen und ein vielfältiges und inklusives Bild der Informatik zu vermitteln.

Literatur

[ACM17] Christine Alvarado, Yingyun Cao, Mia Minnes: Gender Differences in Students’ Behaviors in CS Classes throughout the CS Major. In: Proceedings of the 2017 ACM SIGCSE Technical Symposium on Computer Science Education (SIGCSE’17). New York, USA, pp. 27–32, 2017.

[Ben_etal23] Esther Bender, Helena Barbas, Fabian Hamann, Marcus Soll: Fähigkeiten und Kenntnisse bei Studienanfänger*innen in der Informatik: Was erwarten die Dozent*innen? In: Hochschuldidaktik Informatik HDI 2021. Potsdam 2023, S. S279–298.

[BI22] bitcom Presseinformation: Trotz Krieg und Krisen: In Deutschland fehlen 137.000 IT-Fachkräfte, <https://www.bitkom.org/Presse/Presseinformation/Deutschland-fehlen-137000-IT-Fachkraefte>, zuletzt besucht am: 8.8.2024

[CHE22] Centrum für Hochschulentwicklung: Informatik: Mehr Studienabschlüsse und mehr weibliche Studierende nötig, DatenCHECK 3/2022 <https://hochschuldaten.che.de/informatik-mehr-studienabschlusse-und-mehr-weibliche-studierende-noetig/>, zuletzt besucht am 8.8.2024

[CMM15] Sapna Cheryan, Allison Master, Andrew N. Meltzoff: Cultural stereotypes as gatekeepers: Increasing girls’ interest in computer science and engineering by diversifying stereotypes. Frontiers in Psychology 6, 2015

[CoDe09] Clemenca C. de Cohen, Nicole Deterding: Widening the Net: National Estimates of Gender Disparities in Engineering. Journal of

Engineering Education, 98, 2009. 211–226. DOI: 10.1002/j.2168-9830.2009.tb01020.x

[Fri_etal18] Julius-David Friedrich, Cort-Denis Hachmeister, Sigrun Nickel, Sude Peksen, Isabel Roessler, Saskia Ulrich: Frauen in Informatik: Welchen Einfluss haben inhaltliche Gestaltung, Flexibilisierung und Anwendungsbezug der Studiengänge auf den Frauenanteil?, Gütersloh, 2018. <https://www.che.de/download/che_ap_200_frauen_in_informatik-pdf/>

[Kin_etal16] Päivi Kinnunen, Matthew Butler, Michael Morgan, Aletta Nylen, Anne-Kathrin Peters, Jane Sinclair, Erkki Pesonen: Understanding initial undergraduate expectations and identity in computing studies. European Journal of Engineering Education, 43(2), 2016, 201–218. DOI: 10.1080/03043797.2016.1146233

[MaFi02] Jane Margolis, Allan Fisher: Unlocking the clubhouse: Women in computing. MIT press, Massachusetts. 2002

[RoSc06] Ralf Romeike and Andreas Schwill: „Das Studium könnte zu schwierig für mich sein" - Zwischenergebnisse einer Langzeitbefragung zur Studienwahl Informatik," in HDI2006 - 2. GI-Fachtagung „Hochschuldidaktik der Informatik", 2006, S. 37–49.

[Sie22] Juliane Siegeris: „Attracting a new clientele for computer science with a women-only IT degree course." In: Hochschuldidaktik Informatik HDI 2021. Potsdam: 2023, S. 157–170. DOI: 10.25932/publishup-56507

[SoKo22] Marcus Soll, Louis Kobras: What Were We Expecting? Analysing Expectations of German University Teachers of Study Beginners in Computer Science as Experienced by Students, In *2022 IEEE German Education Conference (GeCon)*, Berlin, Germany, 2022, pp. 1–6, doi: 10.1109/GeCon55699.2022.9942748. DOI: 10.25932/publishup-56507

[stBu24]. Statistisches Bundesamt: Mehr als ein Drittel der Studienanfängerinnen und -anfänger im MINT-Bereich sind Frauen, Pressemitteilung Nr. N003 vom 17. Januar 2024, <https://www.destatis.de/DE/Presse/Pressemitteilungen/2024/01/PD24_N003_213.html>

[VWZ18] Sarah T. Völkel, Wiktoria Wilkowska, Martina. Ziefle: Gender-Specific Motivation and Expectations toward Computer Science, in Proceedings of the 4th Conference on Gender & IT, ser. GenderIT '18. New York, NY, USA: Association for Computing Machinery, 2018, S. 123–134. DOI: 10.1145/3196839.3196858

Der Frauenstudiengang Maschinenbau an der HS Ruhr West – Ein Überblick

Kristina Lampe
kristina.lampe@hs-ruhrwest.de

Denise Sarholz
denise.sarholz@hs-ruhrwest.de

Seit dem Wintersemester 2018/2019 gibt es den Frauenstudiengang Maschinenbau an der 2009 gegründeten Hochschule Ruhr West. Vor dem Hintergrund des Fachkräftemangels in den Ingenieurberufen und der Tatsache, dass in Nordrhein-Westfalen nur rund 12 % der Studierenden im Maschinenbau weiblich sind (vgl. [IT-NRW]), wurde er mit dem Ziel eingeführt, Frauen den Zugang zu MINT-Fächern zu erleichtern und somit letztlich auch den Frauenanteil im Maschinenbau zu erhöhen. Maßgeblich vorangetrieben wurde die Schaffung des Studiengangs dabei sowohl durch das Präsidium als auch durch engagierte Mitglieder des Instituts Maschinenbau. In diesem Rahmen wurden 2,5 Professuren sowie eine halbe Stelle für die wissenschaftliche Mitarbeit zwecks Koordination des Studiengang-Marketings geschaffen. Was seine Ausstattung angeht, so kann der Frauenstudiengang auf die vorhandenen Labore des Instituts Maschinenbau zurückgreifen. Zu diesen gehören beispielweise das Internet-of-Things-Labor, das Fahrzeugtechniklabor, Werkstofflabore, Elektrik-/Sensorik-Labore sowie Robotik- oder Mechanik-Labore. Zudem gibt es zwei große Technika, welche beispielweise mit computergesteuerten Fräsmaschinen, Roboter- und Schweißzellen sowie einer Skateboard Factory/Six Sigma Transfer Factory ausgestattet sind.

Warum allein unter Frauen?

Der Frauenstudiengang bietet einen alternativen Einstieg in die Ingenieurwissenschaften. Er richtet sich an mathematisch-technisch interessierte Frauen, die ein ingenieurwissenschaftliches Studium trotz Vorwissen und Interesse an MINT-Themen aufgrund der Männerdomäne des Ingenieurberufs nicht in Erwägung ziehen. Eine weitere Zielgruppe bilden Personen, die sich mit der

Fächerwahl noch nicht sicher sind, ein veraltetes Bild von Technik im Kopf haben oder sich schlicht und einfach ihrem Studium widmen wollen, ohne dass ihre Geschlechtszugehörigkeit zum Thema gemacht wird. Der Frauenstudiengang bietet ihnen in den ersten vier Semestern die Möglichkeit, allein unter Frauen zu studieren und in vorurteilsfreier Atmosphäre und mit viel Raum zum Ausprobieren die Ingenieurwissenschaften kennenzulernen. Ab dem fünften Semester wird das Studium gemeinsam mit den Studierenden des gemischten Maschinenbau-Studiengangs bis zum Bachelor-Abschluss fortgeführt.

Lohnt sich das Konzept Frauenstudiengang?

Der Vorteil dieses Konzepts: in den kleinen Lerngruppen kann in lockerer Atmosphäre ein unvoreingenommenes Herangehen an bekannte und unbekannte Themenfelder gleichermaßen erfolgen. Diese Anwendungsausrichtung wird durch flexible und an kleine Gruppen angepasste Lehrkonzepte ermöglicht. Darüber hinaus kann hier stets ein vertrauensvolles Verhältnis zwischen Lehrenden und Studentinnen gewährleistet werden, sodass ein regelmäßiger Austausch garantiert ist.

Die vermittelten Studieninhalte in den vier Einstiegs-Semestern im Frauenstudiengang sind mit denen der koedukativen Variante im Maschinenbau identisch, die Studierenden befinden sich also zum Start des fünften Semesters auf einem einheitlichen Stand. Somit hat der Übergang in die gemischte Gruppe bislang noch nie zu Schwierigkeiten geführt, weder auf Seite der Studierenden noch auf der der Lehrenden. Was den Frauenstudiengang – die besondere Lernatmosphäre sei hier einmal ausgenommen – von der gemischten Variante unterscheidet, ist das ebenfalls 2018 eingeführte extracurriculare Begleitprogramm. Dieses bietet neben Workshops, die sich der Soft-Skill-Entwicklung widmen, Networking-Events mit anderen Studentinnen und einem Mentoring-Angebot auch wertvolle Praxiseinblicke, beispielsweise durch Exkursionen zu Unternehmen der Region oder Gastvorträgen von weiblichen Role Models aus der Industrie. Vernetzung, Austausch und die persönliche Weiterentwicklung der Studentinnen stehen dabei immer im Fokus.

Dass das Angebot eines monoedukativen Studiengangs lohnenswert ist, zeigt sich besonders mit Blick auf die persönliche Entwicklung der

Studentinnen. Viele von ihnen hätten sich nach eigener Aussage ohne den Frauenstudiengang gar nicht erst für ein Ingenieurstudium entschieden. Sie werden von Anfang an Teil der Gruppe und identifizieren sich dadurch als Studentin eines Studiengangs, der unabhängig von geschlechtlicher Identität Fragen klärt und Wissen vermittelt. Die Studentinnen zeichnet eine hohe Teamfähigkeit aus, sie sind sowohl untereinander als auch mit den Lehrenden gut vernetzt. Sie wissen um den großen Wert ihrer Soft-Skill-Entwicklung, die sie im Rahmen des extracurricularen Begleitprogramms vorantreiben und stellen sich gezielt immer neuen fachlichen Herausforderungen. Dabei forcieren sie Praxiserfahrung – auch im Ausland – und freuen sich über die Erweiterung ihres Wissens.

Netzwerken im Begleitprogramm

Den Gedanken des Netzwerkens unterstützt das Begleitprogramm ganz konkret, indem Kontakte zu Role Models aus Industrie und Wirtschaft geschaffen werden. Auch ein im Frühjahr 2024 speziell für den Frauenstudiengang ins Leben gerufene Mentoring-Programm mit thyssenkrupp unterstützt die Studentinnen gezielt beim Aufbau wertvoller Berufskontakte für den späteren Job-Einstieg und ermöglicht gleichzeitig das Einholen inhaltlichen Feedbacks oder hilft bei dem Aufklären von Unklarheiten.

Frei nach dem Motto „es gibt keine blöden Fragen“ können sich die Studentinnen in vertrauter Atmosphäre bestmöglich informieren: Von Themen wie Vereinbarkeit von Familie und Beruf über Einblicke in den Arbeitsalltag oder den Lebenslauf erfolgreicher Frauen, die von persönlichen und beruflichen Herausforderungen ehrlich berichten, über das Dasein als Diskussionspartnerinnen für Gehaltsverhandlungen.

Die rege Teilnahme am Begleitprogramm sowie an allen weiteren außercurricularen Veranstaltungen oder Gemeinschaftsangeboten mit Schülerinnen, Studierenden anderer Studiengänge oder der Fachschaft ist beeindruckend – hier legen die Studentinnen ein großes Engagement an den Tag. Als Gruppe halten sie zusammen und unterstützen sich gegenseitig. Dabei entwickeln sie auch ihr Netzwerk durch regelmäßigen Austausch stets weiter. Sei es mit Kommilitoninnen, mit weiblichen Fach- und Führungskräften aus der Industrie, mit Lehrenden, mit den Studierenden im gemischten Studiengang oder weiteren Sparringspartner:innen – sie finden zu allen für sie relevanten Themen die richtigen Ansprechpersonen.

Auch wenn der Frauenstudiengang bislang nur eine recht kleine Zielgruppe anspricht, so ist die generelle Entwicklung des Studiengangs positiv zu bewerten. Mit Blick auf die Gruppe der Studentinnen lässt sich feststellen, dass sie sowohl auf fachlicher als auch auf persönlicher Ebene eine beeindruckende Entwicklung zeigen. Mit zunehmender Zahl von Absolventinnen wächst das Alumni-Netzwerk und die Karrierewege unserer Studentinnen können aufgezeigt werden. Dann kann im Rahmen dieses Netzwerkes Unterstützung bei Fragen zur spezifischen Berufswahl, zum Bewerbungsprozess oder zu organisatorischen und strategischen Unklarheiten angeboten werden.

Das Zertifikatsprogramm für Schülerinnen

Als eine erfolgreiche Möglichkeit, junge Frauen zunächst einmal auf die Option einer Ingenieur-Laufbahn aufmerksam zu machen und sie im nächsten Schritt für ein Ingenieurstudium zu begeistern, hat sich das 2022 ins Leben gerufene Zertifikatsprogramm für Schülerinnen erwiesen. Viele junge Frauen haben die Möglichkeit einer Ingenieur-Laufbahn schlichtweg nicht im Fokus, sind aber durchaus MINT-interessiert. In diesem Programm können Schülerinnen ab der 10. Klasse für die Dauer von einem Jahr schulbegleitend in ein ingenieurwissenschaftliches Studium hineinschnuppern und so die vielen Facetten des Ingenieurberufs kennenlernen. Dazu gehören Treffen mit einer Studentinnen-Patin, die Teilnahme an Seminaren und Praktika im Frauenstudiengang, Workshops zu Themen wie Präsentieren lernen, Lernstrategien entwickeln oder Selbstvertrauen stärken, Praxiseinblicke in interessante Firmen sowie das Realisieren erster eigener Projekte, wie z.B. das Entwickeln von eigenen kleinen Produkten am 3D-Drucker oder einer Wasserrakete. Der besondere Mehrwert des Zertifikatsprogramms liegt darin, dass es jungen Frauen, die sich in der Phase der Berufsorientierung befinden, einen realistischen Einblick in ein Ingenieurstudium bietet und darüber hinaus bereits die vielfältigen Karrierechancen als Ingenieurin aufzeigt. Dabei können die Schülerinnen bereits ein Netzwerk aufbauen und sowohl im weiteren Verlauf des Studiums als auch beim Einstieg in den Beruf kontinuierlich darauf zurückgreifen.

Von anderen lernen

Dass das Modell Frauenstudiengang Potenzial hat, beweist der Blick auf die beiden sehr erfolgreich laufenden monoedukativen Studiengänge in Deutschland: den Internationalen Frauenstudiengang Informatik an der Hochschule Bremen sowie den Frauenstudiengang Informatik und Wirtschaft an der HTW Berlin. Zu beiden Studiengängen besteht auf Hochschulebene ein regelmäßiger Austausch. So kann der Frauenstudiengang Maschinenbau aus den langjährigen Erfahrungswerten der Vorreiterinnen in hohem Maße profitieren.

Seit dem Jahr 2017, also noch vor Einführung des Studiengangs, ist ein Beirat explizit für den Frauenstudiengang ins Leben gerufen worden, der sich aus Ingenieur:innen, Wissenschaftler:innen und Unterstützer:innen aus Frauennetzwerken wie dem Deutschen Ingenieurinnenbund e.V., Kompetenzzentren wie Kompetenzzentrum Technik-Diversity-Chancengleichheit e. V., anderen Studiengängen, Wirtschaft etc. zusammensetzt. Auch hier sind die beiden Frauenstudiengänge der Hochschule Bremen und HTW Berlin vertreten. Auf den jährlich stattfindenden Beiratssitzungen wird die Entwicklung des Studiengangs diskutiert und gemeinsam werden Weiterentwicklungen des Studiengangs, Marketinginitiativen und Zusatzangebote für angehende Ingenieurinnen vorangetrieben. Eine absolut wertvolle Möglichkeit des Netzwerkens und voneinander Lernens.

Weiterentwicklung und Ausblick

Einen Frauenstudiengang im Bereich Ingenieurwesen gibt es deutschlandweit derzeit einzig an der Hochschule Ruhr West. Um weiteren Frauen diesen Einstieg zu ermöglichen, wird aktuell an einer Weiterentwicklung des Frauenstudiengangs gearbeitet, der die Erfolgselemente weiterhin fokussiert, aber inhaltlich als eigenständiger Studiengang mit stärkerer Ausrichtung auf interdisziplinäre, innovative Ingenieurthemen angepasst wird. Die Erweiterung liegt neben den ingenieurwissenschaftlichen Grundlagen mit Fokus auf einen nachhaltigen Produktlebenszyklus in der Digitalisierung und dem Projektmanagement. Er richtet sich an alle Frauen, die Interesse an modernen Technologien, kommunikativer (Projekt-)Arbeit und strukturiertem Problemlösen haben.

In diesem Studiengang lernen sie neben den Grundlagen der Ingenieurwissenschaften, wie sie mit innovativen, digitalen Technologien wie der virtuellen Produktentwicklung kreative Lösungen für alltägliche Problemstellungen finden. Sie haben die Chance, ihre eigenen Ideen einzubringen, Produkte zu entwickeln und Prozesse zu verbessern. Dabei arbeiten sie im Team mit ihren Kommilitoninnen zusammen, managen spannende Projekte und stellen sich immer wieder neuen Herausforderungen. Dabei profitieren sie von unserem starken Frauen-Netzwerk. Es geht darum, die Zukunft gemeinsam, nachhaltig und innovativ zu gestalten. Sei es durch die Optimierung von CO_2-Bilanzen, die Entwicklung neuer Energiekonzepte oder die Verbesserung des Materialkreislaufs – hier bekommen die Studentinnen das Handwerkszeug, um die Welt ein Stück besser zu machen.

Durch das Einbinden von Realprojekten und Gastdozierenden in den Studiengang wird die Verbindung zur Industrie noch stärker in den Blick genommen, sodass die aktuellen Anforderungen der Berufswelt transparent werden. Damit ist nicht nur der Einstieg in ein ingenieurwissenschaftliches Studium möglich, sondern werden auch die Weichen für das nachfolgende Berufsleben gestellt.

Links

[IT-NRW] <https://www.it.nrw/nrw-frauenanteil-im-mint-studium-steigt-auf-knapp-ein-drittel-126262>

Monoedukation in der gymnasialen Eingangsstufe (Jahrgang 11): Informatik kreativ und divers. Erfahrungen aus 14 Jahren Mädchenkurs (2008–2022)

Fritz Hasselhorn
fritz.hasselhorn@gi.de

Informatik ist nach wie vor das Schulfach mit dem niedrigsten Mädchenanteil. Das verschärft den Mangel an Frauen in den entsprechenden Studiengängen und Berufen. Wir berichteten über die Erfahrungen in einem monoedukativen Mädchenkurs in der Eingangsstufe aus den Jahren 2008 bis 2022. Dadurch lag der Mädchenanteil in den anschließenden Informatik-Kursen auf erhöhtem Niveau deutlich über dem von Schulen, die rein koedukativ unterrichteten.

Unser Ansatz

Der Mangel an weiblichen Fachkräften in den IT-Berufen wird weithin beklagt, so etwa in der McKinsey-Studie „Woman in tech: The best bet to solve Europe's Talent shortage" im Januar 2023 ([Blu23]). Eine Vielzahl von Maßnahmen wurde eingeleitet, ohne dass bisher ein durchschlagender Erfolg erzielt werden konnte. So betrug der Mädchenanteil im Land Niedersachsen in den Informatikkursen auf erhöhtem Niveau im Jahr 2009 15,6 %, im Jahr 2023 18,2 % (vgl. [Nie05], dort auch die folgenden Zahlen). Dabei ist längst bekannt, dass in den früheren Mädchengymnasien der Mädchenanteil im Abitur in den MINT-Fächern deutlich höher war als heute in koedukativen Systemen (mit Ausnahme der Biologie). Ist der geringe Mädchenanteil im MINT-Bereich also der Preis, den wir für die gesellschaftlich gewünschte Koedukation zahlen müssen?

Das Gymnasium Sulingen hat sich 2008 die Frage gestellt: Welche Folgen hat es, wenn wir die Koedukation in einem Schuljahr in einem Fach mit zwei Wochenstunden durch ein monoedukatives Angebot ergänzen? Wir standen vor der Herausforderung, die Wahlzahlen im Fach Informatik nachhaltig zu steigern, um als ländliches Gymnasium das Fach auch weiterhin in der Abiturprüfung anbieten zu können. Dabei fiel auf, dass bei uns 2008 der Mädchenanteil in der Eingangsstufe noch 33 % betrug, aber bis zum Abiturjahrgang auf 10 % fiel.

Um mehr Mädchen für unsere Informatikkurse auf grundlegendem Niveau in der Qualifikationsphase zu gewinnen, boten wir in Zusammenarbeit mit dem Internationalen Frauenstudiengang Informatik (IFI) an der Hochschule Bremen im Sommer 2008 erstmals einen Mädchenkurs Informatik in der Eingangsstufe an. Dabei nutzten wir die besondere Situation aus, dass wegen der Umstellung des Abiturs auf G12 zwei Jahrgänge in der Eingangsstufe waren und wir dort fünf Informatik-Kurse anbieten mussten. Es war von Anfang an klar, dass der Unterricht im Fach Informatik nach einem Jahr Monoedukation in gemischten Kursen fortgesetzt werden sollte. Im Sommer 2009 konnten wir den ersten Informatik-Kurs auf erhöhtem Niveau in der Qualifikationsphase einrichten mit 6 Jungen und 11 Mädchen.

Phasenweise Monoedukation

Seit 2008 gibt es deshalb in der Eingangsphase in Sulingen einen reinen Mädchenkurs, der am Freitagnachmittag stattfindet (vgl. Tab. 1). Die Zuordnung zu den Kursen wird durch die Schulleitung vorgenommen, wobei die Teilnehmerinnen ein Optionsrecht haben, d.h. auf Wunsch in den Mädchenkurs wechseln können.

Durch die Einrichtung des Kurses wollten wir die spezifischen Zugänge von Mädchen ernst nehmen, die häufiger systematisch an Probleme herangehen als zu probieren. Wir wollten das Dominanzverhalten von Schülern gegenüber Schülerinnen in gemischten Kursen ausschließen und den Mädchen so viel Selbstvertrauen in die eigenen Fähigkeiten im Fach Informatik vermitteln, dass sie sich anschließend auch in koedukativen Kursen behaupten konnten.

Tabelle 1: Teilnehmerinnen im Mädchenkurs 2008–2020

Schuljahr	Mädchen	Schuljahr	Mädchen	Schuljahr	Mädchen
2008/2009	30	2012/2013	36	2016/2017	28
2009/2010	16	2013/2014	34	2018/2019	26
2010/2011	32	2014/2015	32	2019/2020	26
2011/2012	34	2015/2016	36	2020/2021	22

Wegen der Rückkehr zum Abitur nach 13 Jahren gab es 2017 keine Eingangsphase

Gerade in den Anfangsjahren gab es häufiger Mädchen, die trotz der ungünstigen Zeit in den Freitagskurs wechselten, so dass dieser Kurs in der Regel der größte war. Die Fachschaft legte deshalb als Obergrenze 36 Teilnehmerinnen fest (der Teiler für die Klassenbildung lag bei 26). In zwei Fällen konnten Mädchen nicht mehr für den Kurs zugelassen werden, weil die Obergrenze erreicht war. In den letzten Jahren ging das Bedürfnis zurück, in den Mädchenkurs zu wechseln. Wir führen dies darauf zurück, dass es an unserer Schule selbstverständlich wurde, dass Mädchen in den Informatikkursen erfolgreich abschnitten.

Der Mädchenkurs wurde zunächst von einer Doktorandin der Hochschule Bremen unterrichtet, weil die Fachschaft Informatik rein männlich war. Allerdings klagten die Teilnehmerinnen, sie seien nicht auf dem gleichen Niveau für die Qualifikationsphase vorbereitet worden wie die übrigen Kurse. Den Ruf eines „Informatik light"-Kurses wollten wir unbedingt vermeiden, so dass von 2010 bis 2020 der Fachobmann den Kurs erteilte. Im Jahr 2021 konnte der Kurs dann an die erste Kollegin im Fach Informatik abgegeben werden, die selbst 2008/2009 am Kurs teilgenommen und anschließend bis zum Abitur auch als Tutorin in dem Kurs gearbeitet hatte.

Tutorinnen

Eine Besonderheit des Mädchenkurses trat sehr schnell zu Tage: Es fehlten hier Schülerinnen mit Vorkenntnissen im Umgang mit dem PC, was den Unterricht erschwerte. Dazu heißt es im Antrag der Fachschaft aus dem Frühjahr 2009:

> *„Die vorgegebenen Kursgrößen sind für einen effektiven Unterricht zu groß. Eine gewisse Entlastung kann nur durch Schüler mit entsprechenden Vorkenntnissen … geschaffen werden, die ihren Nachbarn bei einfachen Problemen Hilfestellung leisten. Solche Schüler gibt es in den gemischten Kursen, sie fehlen aber im Mädchenkurs Informatik."*

Seit Sommer 2009 setzen wir deshalb Schülerinnen der höheren Jahrgänge als Tutorinnen im Mädchenkurs Informatik ein. Dadurch wollen wir in diesen großen Kursen eine intensivere Betreuung in den Phasen der selbständigen Bearbeitung von Aufgaben anbieten und weibliche Rollenvorbilder für die Schülerinnen im monoedukativen Kurs anbieten. Die Tutorinnen selbst konnten durch ihre Tätigkeit ihr eigenes Wissen vertiefen. Die Fachschaft hoffte darauf, die eine oder andere Tutorin für das Studium von Informatik als Lehramt zu gewinnen, so bereits im Antrag 2009.

Die Abiturergebnisse (dazu Tabelle 3) zeigen, dass die Tutorinnen auch selbst davon profitierten, den jüngeren Mädchen Grundlagen der Informatik zu erklären. Auch die Hoffnung der Fachschaft, weiblichen Nachwuchs für den Beruf zu gewinnen, hat sich erfüllt. Im Lehramtsstudium haben wir unsere Studentinnen mit der Bereitstellung von Praktikumsplätzen oder von Schülergruppen für ihre Abschlussarbeiten unterstützt. Inzwischen haben drei ehemalige Tutorinnen erfolgreich ihr Referendariat als Informatiklehrerinnen abgeschlossen, wovon eine an die Schule und eine weitere an eine Nachbarschule zurückgekehrt sind.

Leider hat das Verbot von klassenübergreifenden Lerngruppen während der Corona-Pandemie dazu geführt, dass wir das Tutorinnen-Modell und den Mädchenkurs vorübergehend aussetzen mussten.

Blockbasierte Sprache (BYOB/Snap!)

Die höhere Anwahl der Informatikkurse durch Mädchen führte aber allein nicht dazu, das Grundproblem zu lösen: Informatik ist einfach, aber Programmieren ist schwer! Wir haben dazu in vier Abiturjahrgängen in Sulingen den Prozentsatz der erreichten Bewertungseinheiten im Bereich der Programmierung (Coding) und im Bereich aller anderen Aufgaben miteinander verglichen (Tab. 2). Die Daten der beiden Göttinger Kurse stammen aus der Publikation von Kerstin Strecker ([Str15]):

Tabelle 2: Ergebnisse in der Abiturprüfung (Kurs auf erhöhtem Niveau)

Gruppe	Sprache	Coding	Andere Aufgabentypen
Sulingen 2011	Textbasiert	43 %	76 %
Göttingen 2014	Textbasiert	58 %	82 %
Sulingen 2013	Wechsel zu blockbasiert	68 %	81 %
Göttingen 2014	Blockbasiert	77 %	85 %
Sulingen 2016	Blockbasiert	84 %	79 %
Sulingen 2019	Blockbasiert	67 %	72 %

In Noten übersetzt, bedeutet das, dass in unserem ersten Abitur auf erhöhtem Niveau im Frühjahr 2011 im Durchschnitt der Kurs beim Programmieren nicht einmal voll ausreichende Leistungen erzielte, während die übrigen Leistungen im guten Bereich lagen.

Fast gleichzeitig erschien im Frühjahr 2011 der Aufsatz von Eckart Modrow, Jens Mönig und Kerstin Strecker „Wozu Java?“ ([Mod11]) mit der These, dass wir im Informatikunterricht 80 % der Unterichteten verlieren, weil wir – trotz vorhandener besserer Werkzeuge – immer noch an der textbasierten Programmierung festhalten. Sie schlugen vor, zur graphischen Programmierung mit BYOB (= Build Your Own Blocks) zu wechseln.

Nach einer mehrwöchigen Testphase entschlossen wir uns dazu, den Unterrichteten für das Abitur 2013 die Wahl der Sprache (Delphi oder BYOB) freizustellen. Die Wahl fiel einheitlich auf die blockbasierte Sprache. Dadurch fielen die typischen Wartezyklen im Programmierunterricht weg, die dadurch entstehen, dass die Unterichteten darauf warten, dass der Lehrer ihnen eine kryptische Fehlermeldung erklärt und ihnen Hinweise gibt, wie der Fehler zu beseitigen ist. Im Unterricht konnte deutlich mehr programmiert werden. Mit der indizierten Liste lernten Schülerinnen und Schüler ein Werkzeug kennen, mit dem sich viele Probleme einfacher losen lassen als mit statischen Datenstrukturen. Durch beide Faktoren verbesserten sich die Programmierleistungen in der Abiturprüfung signifikant (dazu Tab. 2). Unsere Auswertung zeigt, dass wir bereits im ersten Kurs, der nach einem Jahr mit Delphi erst anderthalb Jahre vor dem Abitur auf BYOB umstieg, die Lücke zwischen dem Programmieren und den übrigen Aufgabentypen verringern konnte. Diese Entwicklung setzte sich in den folgenden Jahren fort, als durchgehend in einer blockbasierten Programmiersprache unterrichtet wurde.

Beispiel Caesar-Chiffre

Zur Einführung in die Caesar-Chiffre wird gern die Caesar-Scheibe verwendet. Sie besteht aus zwei kreisförmig angeordneten Alphabeten, die gegeneinander verschoben werden können. So lässt sich der Schlüsselbuchstabe einstellen und mit Hilfe der Scheibe kann dann chiffriert bzw. dechiffriert werden. Wir haben die Caesar-Scheibe mit Hilfe von zwei Listen modelliert (vgl. Abb. 1)

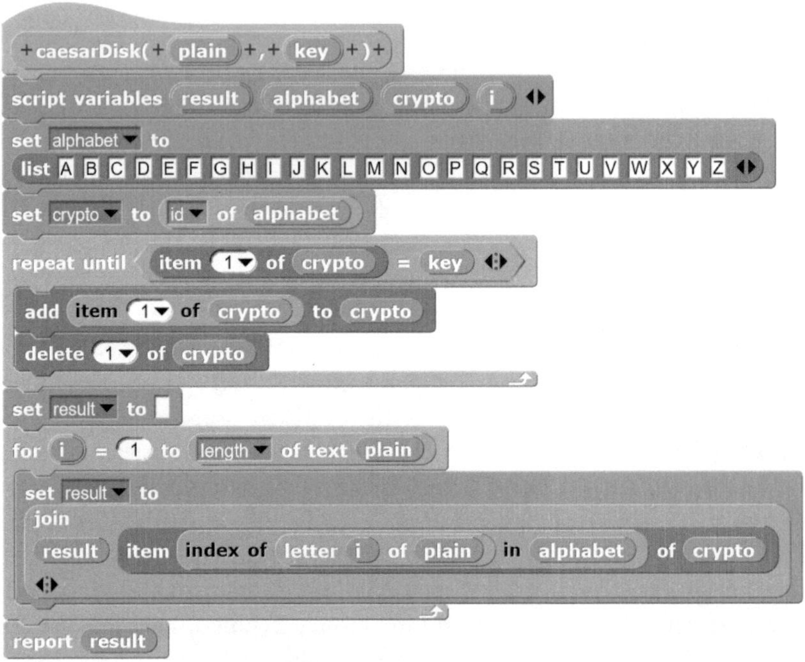

Abbildung 1: Caesar-Verschlüsselung.

Für das Verfahren verwenden wir einen Reporter, der die Parameter plain (für den Klartext) und key (für den Schlüssel) erhält. Zunächst wird ein Alphabet erzeugt. Dann wird dieses Alphabet auch der Variable crypto zugewiesen. Dabei sorgt der id-Block dafür, dass eine echte Kopie erzeugt wird und nicht nur die Referenz auf den Listenbeginn kopiert wird. Dann wird das Kryptoalphabet „gedreht“, indem jeweils der erste Buchstabe hinten angehängt und vorne gelöscht wird, bis der Schlüsselbuchstabe vorne steht. Anschließend wird das Ergebnis result initialisiert.

In einer FOR-Schleife gehen wir den Klartext zeichenweise durch, lesen jeweils die Stelle ab, an der der betreffende Buchstabe im Klaralphabet steht und fügen dann den Buchstaben an, der an dieser Stelle im Kryptoalphabet steht. Abschließend wird result zurückgegeben.

Wir hatten diese Lösung zunächst für die Sekundarstufe I entwickelt, um dort die Mod26-Rechnung mit den Ordnungszahlen zu vermeiden. Später haben wir entdeckt, dass es sich genau umgekehrt verhält: Die

Mod26-Rechnung ist der Sonderfall, der nur bei der Caesar-Chiffre funktioniert. Die scheinbar „primitivere“ Lösung mit den Listen enthält das grundlegende Prinzip der Substitution, das sich an vielen Stellen anwenden lässt. So kann man damit auch eine beliebige Permutation des Alphabets verbzw. entschlüsseln oder Playfair, wenn die Listen alle zulässigen Bigramme enthalten. Substitution ist auch ein grundlegender Schritt in modernen Krpytoverfahren wie DES.

Beispiel Quicksort

Verwendet man nicht nur indizierte Listen, sondern auch Funktionen höherer Ordnung, so lassen sich auch komplizierte Algorithmen einfach implementieren. So reduziert sich Quicksort auf wenige Zeilen (vgl. Abb. 2):

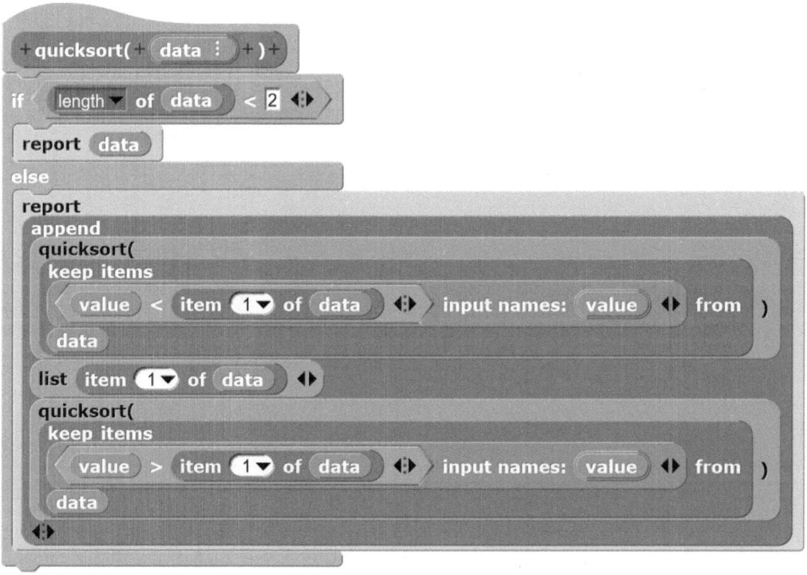

Abbildung 2: Quicksort.

Bei Quicksort handelt es sich um einen rekursiven Algorithmus. Wir benötigen also eine Abbruchbedingung. Beim Sortieren können leere und einelementige Teillisten auftauchen. Diese sind bereits sortiert. Die Abbruchbedingung ist also erreicht, wenn die Länge der zu sortierenden Liste kleiner ist als 2. Dann wird einfach die Liste zurückgegeben.

Hat die Liste zwei oder mehr Elemente, wenden wir den Quicksort-Algorithmus an. Als Pivotelement wählen wir das erste Element der Liste. Für das Ergebnis setzen wir mit append drei Teillisten zusammen. In die erste Teilliste packen wir mit keep alle Elemente der Liste, die kleiner sind als das Pivotelement. Auf diese Teilliste wird wiederum Quicksort angewendet. Die zweite Teilliste enthält das Pivotelement. Die dritte Teilliste wird wie die erste behandelt, nur das diesmal alle Elemente verarbeitet werden, die größer sind als das Pivotelement. Anzumerken ist, dass diese Version von Quicksort alle doppelt vorkommenden Elemente aussortiert. Falls gewünscht, lässt sich dies Problem aber leicht korrigieren, indem bei der ersten und dritten Teilliste keep sich nicht auf data bezieht, sondern das erste Element von data ausgeschlossen wird und in der ersten Bedingung das „<" durch ein „" ersetzt wird. Die zusammengesetzte Liste wird dann ausgegeben, nachdem die Teillisten sortiert wurden.

Mädchenteil in den Kursen auf erhöhtem Niveau

Als ersten Indikator untersuchen wir den Mädchenanteil in den Kursen auf erhöhtem Niveau in Niedersachsen, bezogen auf das Fach Informatik (Tab. 3). In den Jahren 2009 bis 2011 lag der „Marktanteil" Sulingens über 20 % und in den Jahren 2014–2016 über 18 %.

Tabelle 3: Mädchenanteil in Informatikkursen auf erhöhtem Niveau

Schuljahr	Sulingen	Niedersachsen	Niedersachsen ohne Sulingen
2009/2010	64,7 %	15,6 %	12,1 %
2010/2011	60,7 %	10,9 %	6,1 %
2011/2012	34,6 %	13,9 %	12,0 %
2012/2013	18,2 %	15,2 %	15,0 %
2013/2014	24,0 %	11,3 %	10,5 %
2014/2015	42,9 %	14,7 %	12,7 %
2015/2016	45,1 %	15,6 %	12,8 %
2016/2017	40,0 %	14,2 %	12,4 %
2017/2018	14,0 %	15,4 %	15,5 %

Schuljahr	Sulingen	Niedersachsen	Niedersachsen ohne Sulingen
2018/2019	14,3 %	11,6 %	11,4 %
2019/2020	40,0 %	20,6 %	20,1 %
2020/2021	42,9 %	18,2 %	17,9 %
Durchschnitt	36,8 %	13,8 %	12,1 %

Der Mädchenanteil in Sulingen schwankt erheblich. Das hängt nach unserer Beobachtung an zwei Faktoren: Mädchen kommen viel seltener als Jungen als Einzelne in den Kurs. In der Regel bilden sie bereits im Wahlpflichtunterricht der Mittelstufe, aber spätestens in der Eingangsphase feste Gruppen, die sich dann gemeinsam für oder gegen Informatik entscheiden. Zum anderen spielen die Tutorinnen als Rollenvorbilder in unserem Modell eine entscheidende Rolle für die Gewinnung von Schülerinnen. Sie wechseln aber jährlich, so dass dieser Einfluss nicht konstant ist. Im Durchschnitt über die 12 Schuljahre ist der Mädchenanteil in Sulingen 20 Prozentpunkte höher als im Landesdurchschnitt. Über alle Schuljahre gemittelt stammte ein Achtel aller Mädchen aus Sulingen.

Die Bedeutung des Mädchenkurses in der Eingangsstufe als Rekrutierungsfeld für die Kurse auf erhöhtem Niveau hat im Laufe der Zeit abgenommen. In den Jahren 2009 bis 2014 stammten 83 % aller Mädchen, die sich für die Wahl von Informatik auf erhöhtem Niveau entschieden, aus dem monoedukativen Mädchenkurs. In den Jahren 2015 bis 2020 sank dieser Prozentsatz auf 56 %. Parallel dazu sank auch die Nachfrage nach dem Mädchenkurs (vgl. Tab. 1). Wir sehen darin einen Vorgang der Normalisierung: Es wird in Sulingen selbstverständlicher, dass Mädchen das Fach Informatik wählen.

Studienwahl der Schülerinnen und Schüler aus den Informatikkursen auf erhöhtem Niveau

Zwischen den Hauptinteressen in der Schulzeit und der Studien- und Berufswahlentscheidung besteht bei Schülerinnen und Schülern starke Kontinuität. Je besser die eigenen Lernleistungen in einem Fach in der Schulzeit sind und je höher die Qualität der Wissensvermittlung an der Schule eingestuft wird, umso wahrscheinlicher wird die Entscheidung für ein Studium in der entsprechenden Fachrichtung (so [Hei06]). Gilt dieser Zusammenhang auch für die Absolventinnen und Absolventen der Informatik-Kurse auf erhöhtem Niveau am Gymnasium Sulingen? Dazu haben wir seit 2011 die Abiturientinnen und Abiturienten befragt, welches Studium bzw. welche Ausbildung sie beginnen wollen (Tab. 4). Nach Geschlechtern getrennt ergibt sich folgendes Bild:

Tabelle 4: Studien- und Ausbildungswahl der Sulinger Informatik-Prüflinge

Studienfach/Ausbildung	Jungen	Mädchen
Studium Informatik	34,6 %	25,5 %
Studium Lehramt Informatik	0,9 %	3,6 %
Ausbildung Informatik	8,4 %	–
Informatik insgesamt	43,9 %	29,1 %
Studium sonst. MINT-Fach	32,7 %	25,5 %
MINT-Anteil insgesamt	76,6 %	54,5 %
Studium Wirtschaftswiss.	6,5 %	7,3 %
Sonstiges Studium	3,7 %	16,5 %
Sonstige Ausbildung	13,1 %	21,8 %
	N = 107	N = 55

Ein gutes Drittel der Jungen studiert Informatik. Hinzu kommen ein Lehramtskandidat und eine Gruppe von Schülern, die eine Ausbildung im Fach Informatik machen, z.B. Fachinformatiker. Dies sind typischerweise Schüler mit befriedigenden oder ausreichenden Leistungen in der Abiturprüfung. Insgesamt wählen 44 % einen Beruf aus diesem Fach. Dazu kommt ein knappes Drittel, die ein anderes MINT-Fach wie Physik oder Luft- und Raumfahrttechnik studieren, so dass sich drei Viertel unserer Abiturienten für den MINT-Bereich entscheiden.

Bei den Mädchen studiert ein Viertel Informatik. Zusammen mit den Lehramtskandidatinnen wählen 29 % das Fach Informatik. Auffällig ist, dass bei ihnen die Ausbildung etwa zur Fachinformatikerin keine Rolle spielt. Ein weiteres Viertel wählt ein anderes MINT-Fach, so dass die Mehrheit unserer Mädchen sich für den MINT-Bereich entscheidet.

Vergleicht man diese Ergebnisse mit der aktuellen McKinsey-Studie „Women in tech: The best bet to solve Europe's talent shortage", so liegen unsere Werte deutlich über dem europäischen Durchschnitt bei Studienbeginn von 31 % im MINT-Bereich und 19 % im Bereich der Informations- und Kommunikationstechnologien.

Fazit

Produkte der Informationstechnologie haben überall im Alltag Einzug gehalten. Dabei bilden Frauen zwar einen kompetenten und interessierten Nutzerkreis, bleiben aber der technischen Neuentwicklung vergleichsweise fern. Der Frauenanteil im Informatikstudium ist nach wie vor vergleichsweise niedrig. Im Kontrast dazu steht die Klage über einen bereits bestehenden Fachkräftemangel. Um in Bezug auf technologisches Wachstum und Innovation wettbewerbsfähig zu bleiben, muss Europa Frauen für die in absehbarer Zukunft am schnellsten wachsenden Positionen einstellen und halten, so die McKinsey-Studie. Im MINT-Bereich wird die Eignung von Monoedukation seit Jahren kontrovers diskutiert. Einerseits erlaubt Monoedukation, dass Mädchen und junge Frauen sich unbeeindruckt von Geschlechtsstereotypen fachlich entfalten können. Andererseits gilt Monoedukation – gerade in Deutschland – häufig als Mittel zur Verfestigung von Geschlechterstereotypen. So nahmen die Veranstalterinnen der GELEFA 2016 das Ergebnis der Tagung bereits im „Call for Papers" vorweg: „Auch in der Schule haben geschlechterorientierte Fördermaßnahmen eine gegenteilige Wirkung, da Differenzen häufig nur dramatisiert und somit betont werden" (vgl. [Wie16]). Dagegen berichteten viele der auf der Konferenz vorgestellten konkreten Projekte von monoedukativen Phasen.

Unsere Ergebnisse zeigen, dass phasenweise Monoedukation in Kombination mit blockbasierter Programmierung ein Mittel ist, um den Mädchenanteil in Informatik auch über die Schule hinaus nachhaltig zu erhöhen.

Literatur

[**Blu23**] Blumberg, Sven et al.: Woman in tech: The best bet to solve Europe's Talent shortage. McKinsey Januar 2023.

[**Hei06**] Heine, C. et al., Bestimmungsgründe für die Wahl von ingenieur- und naturwissenschaftlichen Studiengängen. ZEW Mannheim, Mai 2006.

[**Mod11**] Modrow, Eckart et al.: „Wozu Java? Plädoyer für grafisches Programmieren“, In: LOG IN, Heft 168, LOG IN-Verlag, 2011.

[**Nie05**] Niedersächsisches Kultusministerium: Die niedersächsischen allgemeinbildenden Schule – Zahlen und Grafiken, Hannover 2005 ff.

[**Str15**] Strecker, Kerstin, „Grafische Programmiersprachen im Abitur“, In: Jens Gallenbacher (Hg), Informatik allgemeinbildend begreifen. INFOS 2015, 16. GI-Fachtagung Informatik und Schule, Lecture Notes in Informatics—Proceedings, Vol. P-249, S. 293–300.

[**Wie16**] Wiepcke, Claudia, et al.: Geschlechtergerechte Fachdidaktik in Naturwissenschaften, Technik und Wirtschaftswissenschaften, Weingarten 2016, URL: <gelefa.de/ueber-uns/project/>.

Schule@HSB – Kompetenzzentrum für Studienorientierung

Kristina Seifert
kristina.seifert@hs-bremen.de

ABSTRACT
Eine gute Passung zwischen Studierenden und Studienfach ist von zentraler Bedeutung für ein erfolgreiches Studium. Die Zentrale Studienberatung der Hochschule Bremen berät und begleitet Studieninteressierte und Studierende im gesamten Student Life Cycle. Das neue Kompetenzzentrum „Schule@HSB" für Kontakte zu Schulen, Lehrkräften und allen, die Studienorientierung unterstützen, fördert den Prozess einer passgenauen Studienwahl.

Die Qual der Wahl

In Deutschland werden derzeit mehr als 22.000 verschiedene Studiengänge angeboten, über 50 % davon Bachelorstudiengänge [Hoc24-c]. Für Studieninteressierte – oft Schüler:innen rund um den Schulabschluss – bedeutet dies so viele Möglichkeiten für ein Studium wie nie zuvor. Eigentlich eine tolle Ausgangslage, sollte man meinen. Nicht immer wird dies aber so erlebt. Diese Situation ist oft mit großen Herausforderungen und Ängsten bei der Studienwahl und Studienentscheidung verbunden. Nicht selten wird die Entscheidung für ein Studium nicht getroffen: Aus Angst vor der falschen Entscheidung.

Verschiedene Theoriemodelle, sowohl zu schulisch-beruflichen Interessen als auch aus der pädagogisch-psychologischen Motivationsforschung, unterstreichen die Bedeutung von Interessen und einer guten Passung für Berufswahlentscheidungen [Tas19]. Die Passung zwischen Person und Ausbildung/Studium gilt als wichtiges Kriterium für einen erfolgreichen Übergang zwischen den Ausbildungsabschnitten [Neu11]. Die Transitionsforschung definiert den Begriff Passung als Korrespondenz zwischen der Persönlichkeit eines Jugendlichen und den Merkmalen eines Berufsfeldes (statisch), den Eingrenzungs- und Kompromissprozess eines Jugendlichen (dynamisch) und als Korrespondenz zwischen dem

Entwicklungsstand eines Jugendlichen und den Ausbildungsanforderungen [Neu11]. Passung beschreibt ein Mensch-Umwelt-Verhältnis, das aufgrund der Veränderungen des Menschen und/oder der Umweltbedingungen dynamisch ist, sich verändert und deshalb flexibel sein muss [Neu11]. Neben schulischen Leistungen, ist die Passung hinsichtlich der Interessen von Bedeutung für die Studienzufriedenheit und die Neigung zu einem Studienabbruch – sprich für den Studienerfolg [Bel13]. Der Begriff Passung kann dabei objektiv als Korrespondenz zwischen den Interessen und Kompetenzen eines Jugendlichen und den Inhalten und Gegebenheiten eines Studiums oder einer Berufsausbildung definiert werden. Der Begriff der Passungswahrnehmung bezieht die subjektive Abhängigkeit ein, verschiedene Jugendliche nehmen die gleiche Passung unterschiedlich wahr. Es handelt sich also um die wahrgenommene Korrespondenz der Interessen und Kompetenzen eines Jugendlichen und den Inhalten und Gegebenheiten eines Studiums oder einer Berufsausbildung. Eine passgenaue Studien- und Berufswahl kann zur Senkung der Abbruchquoten sowohl von Studium als auch von Berufsausbildungen führen [Jaw24].

Stereotype Vorstellungen beeinflussen Jugendliche bei ihrer Wahl [Tas19]. So können sich nur 5 % der Mädchen vorstellen im MINT-Bereich tätig zu sein, obwohl die Ergebnisse der PISA-Studien zeigen, dass beide Geschlechter die gleichen Leistungen erbringen [OEC15]. Und auch seitens der Eltern wird dies – bewusst oder unbewusst – beeinflusst: Nur 15 % der Eltern sehen ihre Töchter zukünftig im MINT-Bereich [OEC15]. Berufsspezifische Geschlechterstereotype halten sich, obwohl sich die Geschlechterverhältnisse in Deutschland verändern, und führen zu Einschränkungen bei der Berufsorientierung [Dri19]. Ein entsprechendes Interesse sowie die eigene Überzeugung, über die entsprechenden Fähigkeiten für ein MINT-Studium zu verfügen – sprich eine gute Passung – sind also von großer Bedeutung für die Wahl eines MINT-Studiums.

Lehrkräfte und Familie, insbesondere Eltern sind wichtige Begleitende im Berufs- und Studienorientierungsprozess. Sie können durch Gespräche und Aktivitäten zu einer gelungenen Orientierung und letztendlich guten Passung beitragen. Schule kommt bei der Berufs- und Studienorientierung im MINT-Bereich ebenso eine besondere Bedeutung zu. Sie trägt durch Informationen über Berufe zu Berufsorientierung bei, beeinflusst den Orientierungsprozess hinsichtlich des Abgleichs von Interessen und Fähigkeiten mit den jeweiligen

Berufsmerkmalen und kann bei der Verstärkung und der Motivation und dem Entgegnen von MINT-spezifischen Stereotypen beitragen [Tas19]. Oft sind die vorhandenen Kapazitäten und Ressourcen in den Schulen jedoch nicht in ausreichender Form vorhanden. Daher bietet es sich an, diesen Prozess durch spezifische außerschulische Angebote zu unterstützen. Die Zentrale Studienberatung (ZSB) der Hochschule Bremen (HSB) leistet hier einen wichtigen Beitrag.

Zentrale Studienberatung (ZSB) der HSB

Studienberatung begleitet mit unterschiedlichen Beratungs- und Informationsangeboten für Studieninteressierte und Studierende den gesamten Student Life Cycle – von der Phase der Orientierung und Entscheidung über den Studieneinstieg und weiteren Studienverlauf bis hin zum Übergang in das Berufsleben. Immer mit dem Ziel, den Studienerfolg zu sichern. Sie leistet je nach Bedarf Orientierungs-, Informations-, Planungs- und/oder Entscheidungshilfe. Die Beratung erfolgt einerseits individuell – persönlich oder medial unterstützt. Andererseits in Kombination von Information und Beratung in unterschiedlichen Formaten für Gruppen, die hochschulintern (z.B. Vorträge, Workshops, Schnupperformate) oder hochschulextern (z.B. Messen, Schulveranstaltungen) in Veranstaltungen sowie virtuell (z.B. Online-Seminare) oder in Form von Medien (z.B. Flyer, Videos, Online-Module) angeboten werden. In Bremen ist die Zentrale Studienberatung mit ihren Aufgaben im Hochschulgesetz (§ 51 BremHG) verankert [FHB24].

Hochschulintern nimmt die Zentrale Studienberatung die Rolle eines Kompetenzzentrums zu den übergreifenden Beratungs- und Informationsbedarfen von Studieninteressierten und Studierenden ein. Sie stellt weiterhin ein umfassendes Überblickswissen über das Studium an der HSB einerseits und die regionalen Beratungseinrichtungen und -netzwerke andererseits zur Verfügung und pflegt ein Netzwerk zu Schulen und weiteren Multiplikator:innen, z.B. Trägern von Freiwilligendiensten. Einen besonderen Schwerpunkt macht die Förderung der Auseinandersetzung mit MINT-Themen aus. Einerseits herrscht in diesem Bereich seit Jahren in Deutschland ein Mangel an ausgebildeten Fachkräften. Andererseits ist durchgängig ein strukturelles Ungleichgewicht der Anwahl von MINT-Studiengängen durch Frauen festzustellen. Beides führt zu einem erhöhten Informationsbedarf in diesem Themenbereich, der durch Angebote der ZSB (in Kooperation mit den relevanten Studiengängen) u.a. über die Ansiedlung des Programms MentoringMINT bedient wird [Hoc24-a]. Dieses Programm bietet einerseits mit meetMINT ein Programm für Schülerinnen rund um Naturwissenschaft und Technik und mit makeMINT ein Mentoring-Angebot für Studentinnen der naturwissenschaftlich-technischen Studiengänge. Die Gestaltung des Programms beruht dabei auf partizipativer Beteiligung von Studentinnen, fördert die statusübergreifende Vernetzung und initiiert und moderiert einen wechselseitigen Wissenstransfer und Erfahrungsaustausch von Schülerinnen, MINT-Studentinnen und Expertinnen aus Lehre und Praxis. Als einen Ort der Begegnung und zum gemeinsamen Experimentieren wurde in Ergänzung seit 2021 der Maker-Space „meetMINT-Lab" speziell für diese Zielgruppen im gleichnamigen Projekt aufgebaut [Hoc24-b].

Schule@HSB – Zielsetzung und Aufgaben

Mit dem neuen Kompetenzzentrum Schule@HSB wird zukünftig ein zentraler Anlaufpunkt für ein Netzwerk zu Schulen und weiteren Multiplikator:innen mit passgenauen Angeboten geschaffen.

Die HSB pflegt von jeher in allen Fakultäten und in der ZSB Kooperationen zu Schulen und Lehrkräften. Der Fokus liegt bislang auf den gymnasialen Oberstufen und den berufsbildenden Schulen. Die Kontakte sind von unterschiedlicher Intensität und reichen von der Vorstellung des Studienangebots im Rahmen von Berufsorientierungstagen bis zur Gestaltung von Oberstufenprofilen und gezielter Nachwuchsförderung z.B. im Bereich der Luft- und Raumfahrt durch das Sky Hub oder dem Jungen Informatiklabor.

Die Art und Intensität der Kontakte und Kooperationen ist dabei bisher stark von den Aktivitäten und Interessen der verschiedenen Studiengänge und einzelner Lehrender und Mitarbeitender geprägt. Bislang existierte keine zentrale Anlaufstelle, an der „die Fäden zusammenliefen". Mit der Einrichtung der Schulkontaktstelle Schule@HSB benennt die HSB nun eine solche zentrale Ansprechpartnerin für Schulen und verstärkt ihre Aktivitäten, sich Schüler:innen als potentiell interessante Hochschule zu präsentieren. Sie kommt damit ferner ihrem Auftrag der Bildungsberatung in Bezug auf diese Zielgruppe nach.

Die Verortung in der ZSB knüpft an die dort bereits angesiedelten Angebote an und erweitert die Reichweite der Beratung zur Studienorientierung.

Schule@HSB bildet somit das Kompetenzzentrum für Kontakte zu Schulen an der HSB und nutzt die Beratungs- und Organisationskompetenz der ZSB. Eine dauerhafte Vernetzung mit Schulen und der Aufbau kontinuierlicher Angebote für Schüler:innen im Rahmen ihres regulären Unterrichts wird gewährleistet. Auch ein Talentscouting kann über dieses Netzwerk systematisch aufgebaut und perspektivisch können Angebote für jüngere Schüler:innen etabliert werden. Dies ist gerade auch im Hinblick auf die Gewinnung von Mädchen und jungen Frauen für den MINT-Bereich relevant. Somit trägt Schule@HSB zur Förderung einer guten Passung von Studierenden und Studienfach bei, ganz nach dem Motto „Die passenden Studis in den passenden Studiengängen".

Das Angebot von Schule@HSB richtet sich an drei Zielgruppen: Schulen und Lehrkräfte, Eltern und Unterstützende sowie Fakultäten und Studiengänge.

Schule@HSB unterstützt dabei

- als zentrale Ansprechpartnerin den Netzwerkauf- und ausbau zu Schulen und Multiplikator:innen.
- die Entwicklung und Koordination passender Angebote für Schülerinnen und Schüler für die verschiedenen Studiengänge der HSB.
- die Fakultäten und Studiengänge der HSB, sich potentiellen Studieninteressierten vorzustellen.
- den Besuchen durch Schulklassen in der HSB zu koordinieren und zu organisieren.
- das Bereitstellen von Informationen zum Studienangebot, Studium und zur Studienorientierung für Schulen und Multiplikator:innen.
- den Austausch mit regionalen Schulen zum Studienangebot, Studium und zur Studienorientierung für Schulen und Multiplikator:innen.

Angebote

Die Angebote von Schule@HSB bieten Schüler:innen die Möglichkeit den Studienalltag kennenzulernen, in Wissenschaft reinzuschnuppern und einen Einblick in berufliche Perspektiven zu bekommen – kurz gesagt: ihre Berufs- und Studienorientierung zu unterstützen. Folgende Abbildung zeigt mögliche Angebote:

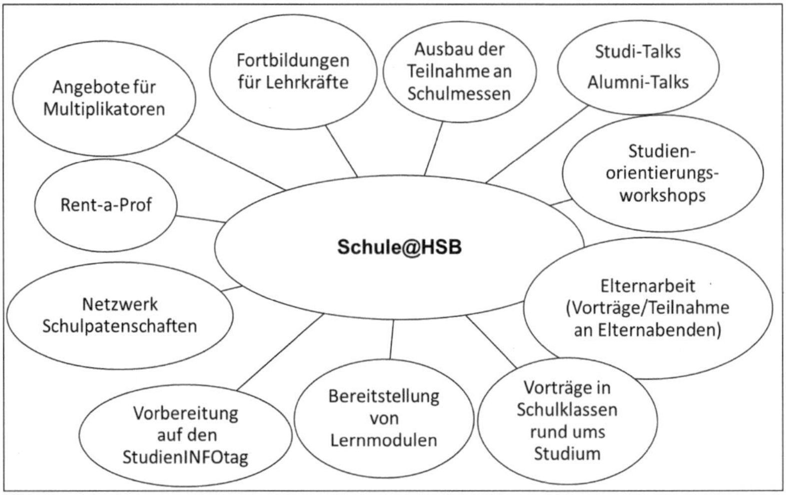

Abbildung 1: Beispiele für Angebote von Schule@HSB.

Schulen und Lehrkräfte haben die Möglichkeit aus dem Angebot im Rahmen eines Baukastensystems aus verschiedenen Bausteinen zu wählen. Die ZSB bietet Bausteine rund um Studienorientierung an, die Fakultäten der HSB Bausteine mit fachlichen Schwerpunkten, wie z.B. spezifische Vorträge, Experimente oder Vorführungen. So können Lehrkräfte für ihre Schüler:innen ein maßgeschneidertes Angebot zusammenstellen – passend zu den Bedarfen und Ressourcen. Perspektivisch wird das Angebot für unterschiedliche Multiplikator:innen ausgebaut. Hier sind neben Eltern auch Organisationen der Bildungs- und Berufsberatung, der außerschulischen Jugendarbeit, der Stadtteilarbeit sowie von Bildungsträgern wie Bibliotheken/VHS etc. angesprochen.

Erfahrungen und Ausblick

Nach einer Bestandsanalyse der an der HSB existierenden Kooperationen und Projekte mit Schulen befindet sich Schule@HSB weiterhin im Aufbau. In Rücksprache mit den jeweiligen Veranstalter:innen werden passende Bausteine ins Angebotsportfolio aufgenommen. Über eigene Kontakte direkt initialisierte und durchgeführte Projekte zwischen Lehrenden und Schulen sind darüber hinaus weiterhin explizit gewünscht. Über regelmäßige Abfrage und Austausch ermittelt Schule@HSB, welche neuen Kooperationen und Projekte sich im vergangenen Jahr entwickelt haben. Die Zielsetzung und das Aufgabenspektrum wurden Lehrkräften, Vertreter:innen der senatorischen Behörde sowie Lehrenden und Mitarbeitenden der HSB im Rahmen verschiedener Veranstaltungen vorgestellt und mit ihnen diskutiert. Das Interesse an einer zentralen Anlaufstelle für Schulen, verbunden mit einem Austausch und Aktivitäten ist sehr groß. Insbesondere wurden hier das Format der Schulpatenschaften sowie Workshops zur Studienorientierung für Schüler:innen und Weiterbildungen für Lehrkräfte von allen Seiten begrüßt.

Ein gutes Abstimmen von Angeboten seitens der Hochschule mit den Bedarfen und Möglichkeiten der Schulen aufgrund begrenzter Kapazitäten auf beiden Seiten ist von großer Bedeutung. Gezeigt hat sich, dass Schulen gerne gut in den Fachunterricht integrierbare Angebote annehmen. Beispielsweise konnte der gesamte Jahrgang einer Bremer Oberstufe in verschiedenen Workshops an der HSB die derzeitige Diskussion und Forschungsvorhaben im Bereich „Nachhaltigkeitsziele" kennenlernen und den Kontext zu ihren Profilfächern mit Lehrenden der HSB erarbeiten. Dieses neue Wissen nutzen die Schüler:innen nun, um ihre Profilkursarbeiten – ihre erste wissenschaftliche Arbeit – zu erstellen.

Es zeigt sich, dass Netzwerkaufbau und -pflege elementare Komponenten sind – hochschulintern und -extern. Dabei sind direkte Kontakte zu den Lehrkräften für Berufsorientierung von besonderer Bedeutung, aber auch u.a. zu den MINT-Beauftragten und Fachlehrer:innen. Das Knüpfen eines solchen Netzwerks braucht Zeit und Engagement. Die ersten Schritte sind getan, weitere folgen und werden dann einen wichtigen Beitrag zur Förderung der Passung zwischen Studierenden und Studium führen.

Literaturangaben

[Bel13] G. Bellenberg, Herausforderungen des Übergangs in die Hochschulen. In: Gabriele Bellenberg (Hg.): Bildungsübergänge gestalten. Münster: Waxmann Verlag, S. 263–274, 2013

[Brü19] T. Brüggemann, S. Rahn (Hg.), Berufsorientierung. Ein Lehr- und Arbeitsbuch. 2. bearbeitete und erweiterte Auflage. Stuttgart, Münster, New York: UTB; Waxmann (utb, 5249). <https://elibrary.utb.de/doi/book/10.36198/9783838552491, 2019>

[Dri19] C. Driesen, Cornelia, Ittel, A. (Hg.), Der Übergang in die Hochschule. Strategien, Organisationsstrukturen und Best Practices an deutschen Hochschulen. Münster, New York: Waxmann (Ciando library), 2019

[FHB24] Freie Hansestadt Bremen, <https://www.transparenz.bremen.de/metainformationen/bremisches-hochschulgesetz-in-der-fassung-vom-9-mai-2007-190931?asl=bremen203_tpgesetz.c.55340.de&template=20_gp_ifg_meta_detail_d#jlr-HSchulGBR2007V23P51>

[Hoc24-a] Hochschule Bremen, <https://www.hs-bremen.de/die-hsb/aktuelles/projekte/mentoring-mint/>

[Hoc24-b] Hochschule Bremen, <https://www.hs-bremen.de/die-hsb/aktuelles/projekte/meetmint-lab/>

[Hoc24-c] Hochschulrektorenkonferenz (HRK), Hochschulkompass, <https://www.hochschulkompass.de/home.html, 2024>

[Jaw24] S. Jawor-Jussen, J. Schaumburg, Motivieren, Wege aufzeigen, Netzwerke schaffen. Ein Praxisbericht aus dem NRW-Talentscouting. In: *Zeitschrift für Beratung und Studium* 19 (1), S. 9–16, 2024

[Neu11] M. Neuenschwander, Determinanten der Passungswahrnehmung nach dem Übergang in die Sekundarstufe II. In: Schweizerische Zeitschrift für Bildungswissenschaften (3). DOI: 101201, 2011

[OEC15] OECD, The ABC of Gender Equality in Education: Aptitude, Behaviour, Confidence, PISA, OECD Publishing.: OECD, 2015

[Tas19] P. Taskinen, R. Lazarides, Berufs- und Studienorientierung in MINT-Berufen. In: Brüggemann, Tim/Rahn, Sylvia (Hg.): Berufsorientierung. Ein Lehr- und Arbeitsbuch. 2. bearbeitete und erweiterte Auflage. Stuttgart, Münster, New York: UTB; Waxmann (utb, 5249), S. 337–342, 2019

Mehr Frauen in Digitalisierung und IT – womit erzielen wir Wirkung?

Barbara Schwarze
schwarze@kompetenzz.de

Internationaler Frauenstudiengang Informatik

Seit dem Wintersemester 1999/2000 bietet *der Internationale Frauenstudiengang Informatik (IFI)* Frauen die Möglichkeit, in einem monoedukativen Studiengang eine akademische Ausbildung in einem traditionell eher männerdominierten Fach zu absolvieren. Der Studiengang verfolgt das Ziel, mehr Frauen für die Informatik zu gewinnen und somit die Diversität in der Informatikausbildung zu fördern. Zum Start des Studiengangs im Studienjahr 1999/2000 freute sich der damalige Fachbereichsdekan Günther Dey über den überraschend großen Andrang: „Auf jeden der 30 Studienplätze gab es mehr als 3 Bewerberinnen." (Computerwoche 2000).

Auch nach fast 25 Jahren bleibt die Faszination des Studiengangs für Frauen bestehen. Tutorien vor und während des Studiums, um Unsicherheiten über die Eignung abzubauen, sind ein wichtiger Bestandteil des Studiums. Dazu kommen Lehrveranstaltungen in den Informatik-Grundlagen, in die konkrete Problemstellungen aus der Praxis integriert sind. Ein verpflichtendes Auslandssemester kombiniert mit einem Praxissemester bereitet die Studentinnen auf ihre berufliche Zukunft in Unternehmen und Organisationen vor. In einem Interview mit dem Technik-Blog *itgirls.de* im Oktober 2023, berichtet die Studentin Manija, dass die Existenz des IFI ihre Entscheidung, ein Informatikstudium aufzunehmen, erleichtert habe. Sie betont dabei, dass dies die beste Wahl für ihre akademische und berufliche Laufbahn gewesen sei.

Trotz der Bemühungen, mehr Frauen für technische Studiengänge zu begeistern, gibt es Hindernisse, die auch geeignete Schülerinnen davon abhalten, sich für Informatik oder Digitalisierungsstudiengänge zu entscheiden. Zu den häufigsten Barrieren zählen dabei die Unterschätzung der eigenen Fähigkeiten und Kompetenzen, die Überschätzung der fachlichen Anforderungen, sowie stereotype Geschlechterbilder in der Gesellschaft, die insbesondere auch durch das familiäre Umfeld verstärkt werden können. Zusätzlich mangelt es oft an Praxiserfahrungen, die als Gegenpol zu diesen Stereotypen wirken könnten. Es fehlen altersnahe Rollenvorbilder, wie Studentinnen,

Mentorinnen, Lehrerinnen, Forscherinnen und Unternehmerinnen, die Frauen in der Digitalisierung abbilden.

Nach der ICILS-Studie zu den computer- und Informationsbezogenen Kompetenzen von Schülerinnen und Schülern, stimmen im Jahr 2018 17,7 Prozent der Mädchen folgender Aussage zu: „Nach der Schule würde ich gerne Fächer mit IT- bzw. Technologiebezug belegen/studieren". Bei den Jungen waren es hingegen 47 Prozent (Eickelmann 2019). Ein Lösungsansatz, um mehr Mädchen für Fächer mit Informatik- und Technologiebezug zu begeistern, könnte die Einbeziehung der Themen IT-Berufe und Digitalisierung für Frauen in Studien- und Berufsorientierungsprojekte bundesweit sein. Ein gutes Beispiel dafür ist der Girls'Day, durch den IT-Berufe bei Mädchen und jungen Frauen an Attraktivität gewinnen. In der Wirkungsstudie, die begleitend zum Girls'Day 2022 durchgeführt wurde, gaben vor der Teilnahme am Aktionstag 12 Prozent der Schülerinnen an, sich eine Ausbildung oder ein Studium in einem IT-Bereich vorstellen zu können. Nach der Teilnahme am Aktionstag waren dies 21 Prozent der Schülerinne. Für die Erhebung zur Wirkungsweise des Girls'Day wurden mehr als 5.000 Schülerinnen ab elf Jahren vor und nach ihrer Teilnahme am Aktionstag 2022 befragt. (kompetenzzentrum 2022)

Girls'Day 2022 – Interesse an Ausbildung oder Studium in IT

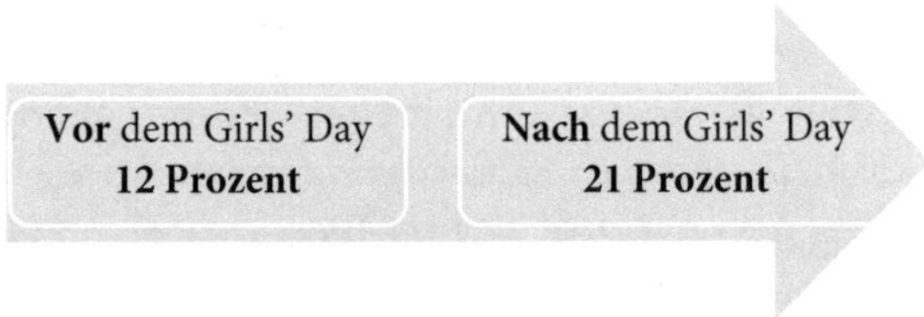

N = 963, Girls'Day Wirkungsstudie 2022

Beim Girls'Day 2023 waren von den insgesamt 13.772 Girls'Day-Angeboten 2.013 Angebote in der Kategorie IT/Informatik/EDV Robotik angesiedelt. Der Girls'Day zeigt, dass das Interesse von Schülerinnen an IT-Berufen durch berufsorientierende Angebote gestärkt werden kann. Aber: dieses Interesse muss aufgefangen, weiter begleitet und verstetigt werden. Hierzu sind neben den Schulen selbst Hochschulen, Unternehmen und Organisationen mit IT-Fachkräften gefragt, die interessierte Schülerinnen zu einer Fortsetzung ihres IT-Interesses anregen.

Hierfür könnten verantwortliche Personen (möglichst weibliche Rollenvorbilder) benannt werden, die für die Bewerbung berufsorientierender Angebote auf den Unternehmensseiten im Internet zuständig sind. Auch für Erstkontakte, Nachfragen und die Organisation dieser Angebote, sind konkrete zuständige Personen von Vorteil. Kontinuität von berufsorientierenden Angeboten ist ein wichtiger Faktor für die Gewinnung zukünftiger Fachkräfte. So sind es die Bundesagentur für Arbeit, die Studienberatungsstellen, Lehrkräfte an Schulen, insbesondere in der Berufsorientierung oder in den MINT-Fächern und viele andere wichtige Kooperationspartner, die auf solche Angebote aufmerksam machen und sie in ihre eigenen Veranstaltungen integrieren können.

Die Notwendigkeit, mehr Frauen für digitale Berufe zu interessieren und einzuwerben, ist ein wichtiger Zukunftsfaktor für Wirtschaft und Gesellschaft. Digitale Technologien verändern Berufsbilder, tragen zur Entstehung neuer Berufe bei und lassen einige Berufe überflüssig werden. Wie der D21-Digital-Index 2023/2024 der Initiative D21 zeigt, sind sich mehr als drei Viertel der Berufstätigen dieser Veränderungen bewusst. Über 76 Prozent stimmen der Aussage zu, dass es durch die Digitalisierung bis zum Jahr 2025 Tätigkeiten oder ganze Berufe nicht mehr geben wird. Trotz des wachsenden Bewusstseins für die Veränderungen beziehen viele Berufstätige diese Entwicklungen nicht auf sich selbst. Es kommt zu einem so genannten „Vogel-Strauß-Effekt". Nur 23 Prozent der knapp 4.000 befragten Berufstätigen sind der Meinung, dass die Veränderungen auch sie selbst, beziehungsweise ihren eigenen Arbeitsplatz betreffen. (Digitalindex 2023/2024)

D21-Digital-Index 2023/2024: Vogel-Strauß-Effekt

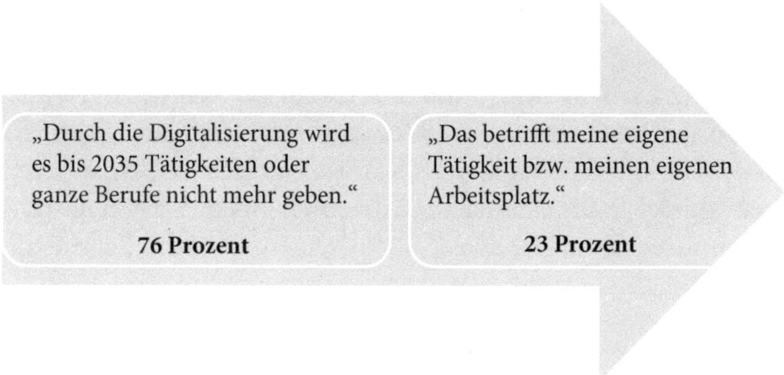

N = 3.891 Berufstätige, D21-Digital-Index 2023/2024, S. 40 | 41

Dies unterscheidet sich zudem nach den jeweiligen Branchen, in denen die befragten Personen tätig sind. Während mehr als 80 Prozent der Berufstätigen zum Beispiel den Wegfall ganzer Berufe in den Bereichen *Beratungs-/Unternehmensdienstleistungen*, *Vertrieb* und *kreative Tätigkeiten* prognostizieren, sind nur etwa 25 Prozent von ihnen der Auffassung, dass der eigene Beruf von diesem Wegfall betroffen sei.

D21-Digital-Index 2023/2024: Vogel-Strauß-Effekt nach Tätigkeiten

	Wegfall ganzer Berufe	Wegfall eigener Beruf
Beratungs-/Unternehmensdienstleistungen	85 Prozent	25 Prozent
Vertrieb	82 Prozent	25 Prozent
Kreative Tätigkeiten	81 Prozent	23 Prozent
Verwaltung/Buchhaltung	79 Prozent	28 Prozent
Lehrtätigkeit	79 Prozent	10 Prozent
Produktion	75 Prozent	28 Prozent
Handwerk	73 Prozent	15 Prozent
Verkauf, Kundinnen- und Kundenservice	72 Prozent	34 Prozent
Medizinischer Bereich	70 Prozent	12 Prozent

N = 3.891 Berufstätige; Top 3 (Ganz bestimmt/Sehr wahrscheinlich/Eher wahrscheinlich, D21-Digital-Index 2023/2024, S. 43

Die Beschäftigten benötigen einen vertrauensvollen Rückhalt in den eigenen Unternehmen und Organisationen, damit sie mit diesem massiven technologischen und gesellschaftlichen Wandel Schritt halten können. Nach der Erhebung des D21-Digital-Index 2023/2024, S. 40/41) sind insgesamt 54 Prozent der Beschäftigten der Meinung, dass in ihrem Unternehmen/ihrer Organisation die notwendigen Schritte ergriffen werden, um mit dem digitalen Wandel (inter-)national mithalten zu können. Am geringsten ist die Zustimmung hierzu im Handwerk (38 Prozent) und bei den Lehrtätigkeiten (44 Prozent).

Erhebliche Auswirkungen auf ein Engagement im Bereich Digitalisierung hat darüber hinaus das Gefühl, persönlich von diesen Veränderungen profitieren zu können. So glauben 64 Prozent der Männer, persönlich von der Digitalisierung zu profitieren. Bei den Frauen sind es hingegen 53 Prozent (D21-Digital-Index 2023/2024, S. 46/47). Personen mit niedrigen Bildungsvoraussetzungen äußern nur zu 35 Prozent sie hätten das Gefühl, persönlich zu profitieren. Personen mit hohen Bildungsvoraussetzungen wiederum zu 69 Prozent.

Je nach Bildungsvoraussetzungen, Berufsfeld, Geschlecht oder Alter, ist also die Einstellung bei den Befragten, ob sie persönlich von der Digitalisierung profitieren, sehr unterschiedlich. Dies hat auch Auswirkungen auf ihr Engagement, sich fort- oder weiterzubilden. Um mehr Beteiligung an Weiterbildungen im Bereich der Digitalisierung zu erzielen, müssen also weitere intersektionale Aspekte in die Angebotsberatung einbezogen werden. Je nach beruflichem Tätigkeitsbereich, Zuständigkeit für Sorgetätigkeiten, Möglichkeit der Nutzung flexibler Zeit- und Ortswünsche im Beruf und passgenauer Angebote der Unternehmen, müssen diese zudem einfach zugänglich sein.

Angebote von Unternehmen zu finanzierten Weiterbildungen sind eher rar. Nur 18 Prozent der Beschäftigten geben an, in den letzten 12 Monaten Weiterbildungsangebote wahrgenommen zu haben, die von ihren Arbeitgeber*innen bezahlt wurden (D21-Digital-Index 23/24, S. 44/45). In der Bevölkerung insgesamt geben 25 Prozent der Personen über 14 Jahren an, sich in den letzten 12 Monaten kein Wissen zu digitalen Themen angeeignet zu haben. (D21-Digital-Index 23/24, S. 26/27)

Die anstehenden möglichen Veränderungen durch **Künstliche Intelligenz (KI)** sind in ihrer Vielfalt an Nutzungsmöglichkeiten im Beruf noch weniger greifbar als andere direkte Folgen der Digitalisierung. So erwarten 46 Prozent der Berufstätigen nach der Erhebung zum D21-Digital-Index 2023/2024 (S. 43) in den nächsten 10 Jahren starke Veränderungen. Hier unterscheiden sich berufstätige Frauen und Männer deutlich. Während Männer zu 68 Prozent eher positive und zu 22 Prozent eher negative Effekte sehen, äußern sich berufstätige Frauen zurückhaltender in ihren Erwartungen. Sie sehen zu 48 Prozent eher positive und zu 38 Prozent eher negative Veränderungen durch KI.

Beurteilung der erwarteten Veränderungen durch KI im Arbeitsbereich

	KI sehr positiv/ eher positiv	KI sehr negativ/ eher negativ	Kann ich nicht sagen
Berufstätige Frauen	48 Prozent	38 Prozent	14 Prozent
Berufstätige Männer	68 Prozent	22 Prozent	10 Prozent

N = 3.891 Berufstätige, die im Bereich Arbeit die größten Veränderungen durch KI vermuten; D21-Digital-Index 2023/2024, S. 42

Digitalstrategie #SheTransformsIT – Metastudie #FrauWirktDigital

In der Digitalstrategie der Bundesregierung geht es insbesondere auch um das Thema *Vernetzte Gesellschaft.* „Das digitale Leben soll allen Bürgerinnen und Bürgern Erleichterungen bringen. Damit das gelingt, beseitigen wir Barrieren: So können sich Menschen unabhängig von Alter, Geschlecht, sexueller Orientierung, Herkunft und Behinderung sicher im Netz bewegen" (digitalstrategie2024).

Demnach soll bis 2025 der Frauenanteil in Informatik und digitaler Wirtschaft deutlich gewachsen sein. Zudem sollen mehr Frauen in der Digitalbranche Unternehmen gründen. Dies soll durch einen besseren Zugang zu Fördermitteln, mehr Vernetzung und mehr weibliche Vorbilder unterstützt werden.

Wer den Fachkräftemangel in der digitalen Transformation bundesweit wirksam verringern möchte, braucht das Potenzial von Frauen!

Eine Initiative, die dieses Ziel verfolgt, ist #SheTransformsIT. Ein interdisziplinäres Bündnis, welches sich der Förderung von Frauen in der Informatik und deren aktiver Beteiligung an der Digitalisierung verschrieben hat. Gegründet zum Digitalgipfel 2020, vereint #SheTransformsIT hochrangige Vertreter*innen aus Wirtschaft, Wissenschaft, Politik und Zivilgesellschaft mit dem gemeinsamen Ziel, die Anzahl der Frauen, die die digitale Transformation mitgestalten, signifikant zu erhöhen (shetransformsit2020).

Durch interdisziplinäre Zusammenarbeit und eine breite Unterstützung aus verschiedenen gesellschaftlichen Bereichen, strebt #SheTransformsIT an, nachhaltige Veränderungen zu bewirken und den Weg für mehr weibliche Fachkräfte in der Informatik zu ebnen. Die vorgestellten Projekte und Aktivitäten der Initiative unterstreichen das Engagement und die Notwendigkeit, die digitale Transformation geschlechtergerecht zu gestalten. Dabei setzt #SheTransformsIT auf vielfältige Aktivitäten, wie Studien und Umfragen, begleitende Wissenschaftsprojekte, das Hosting von Events, Roundtables und Netzwerktreffen sowie die Arbeit an Leitfäden und Positionspapieren.

Eines der Projekte von #SheTransformsIT, ist die Metastudie #FrauWirktDigital, die von der *Stiftung Mercator* im Bereich Digitalisierte Gesellschaft unter Leitung von Carla Hustedt gefördert und vom *Kompetenzzentrum Technik-Diversity-Chancengleichheit e.V.* unter Leitung von Prof. Barbara Schwarze umgesetzt wurde. Die Studie lief von Juni 2022 bis Oktober 2023 mit dem Ziel, Politik, Wirtschaft, Wissenschaft und Digitalgesellschaft mit Handlungsleitlinien auszustatten, um Frauen in gestaltende Positionen der Digitalisierung zu bringen. Dazu wurden Maßnahmen und Projekte, die dazu dienen sollen, Mädchen und Frauen auf ihrem Weg in die und in der Informatik zu unterstützen, identifiziert und auf ihre Wirksamkeit hin untersucht. Wirksame „Good Practice"-Initiativen wurden anhand eines Qualitätskatalogs geprüft und ausgewertet, so dass daraus Handlungsempfehlungen abgeleitet werden konnten. Die Handlungsempfehlungen wurden in verschiedenen Schritten vorgestellt und veröffentlicht, so zum Beispiel auf dem „SheTransformsIT Summit: Mehr Frauen in Informatik und Digitalisierung" und auf breitenwirksamen Digital-Veranstaltungen, wie der Jahrestagung der *Gesellschaft für Informatik* (GI e.V.).

Im Fokus der Metastudie standen die Bereiche Bildung (Schule, Ausbildung, Hochschule), Frauen in IT-Berufen, Innovation und Gründung sowie gesellschaftliche Wirkfaktoren wie der Einfluss von Familien, Gesellschaft und Technikkultur auf die Entwicklung der Informatikaffinität von Mädchen und Frauen. Die jeweils aktiven Stakeholder aus Digitalpolitik, Wirtschaft, Wissenschaft und engagierten Netzwerken wurden interaktiv in die Diskussion von Zielen und Lösungsansätzen einbezogen. (<https://www.kompetenzz.de/frau-wirkt-digital>)

#FrauWirktDigital „Mädchen und Frauen in die Informatik: Aktivierungspotenziale und Erfolgsfaktoren" – Handlungsempfehlungen für den Bereich Schule

Die Förderung von Schülerinnen in den Bereichen Informatik und Digitalisierung kann durch eine Kombination aus Wettbewerben und leistungsorientierten Fächern mit gezielten Berufsorientierungsangeboten erheblich verbessert werden. Diese Angebote sollten von den verschiedenen Kammern, der Bundesagentur für Arbeit und den Studienberatungen der Hochschulen unterstützt werden.

Ein effektiver Ansatz ist die Einführung des Pflichtfachs Informatik, um mehr Chancengleichheit in dem Erwerb von Digitalkompetenzen für alle Schülerinnen und Schüler zu möglichen. Zahlreiche Bundesländer sind hier bereits auf einem guten Weg. Begonnen hat das Land Mecklenburg-Vorpommern, wo der Anteil von Schülerinnen in Informatik-Leistungskursen heute mit 25 Prozent um 10 Prozentpunkte höher ist als im bundesweiten Durchschnitt. Mecklenburg-Vorpommern und das Saarland bieten die empfohlenen sechs Wochenstunden im Pflichtfach Informatik. Andere Bundesländer wie Niedersachsen, Baden-Württemberg, Bayern, Nordrhein-Westfalen und Sachsen bieten den verpflichtenden Informatikunterricht mit geringerem Stundenumfang an (Informatikmonitor2023/2024). Analysen des *Stifterverbands* zu Kompetenzunterschieden zwischen Schülerinnen und Schülern zeigen Kompetenznachteile der Schülerinnen in Bundesländern ohne das Pflichtfach Informatik (Stifterverband2022).

Zusätzlich zum Pflichtfach sollte die Einbindung von IT-Praxisangeboten im schulischen Unterricht gefördert werden. Dies kann durch die Vernetzung von Schulen mit IT-Unternehmen, sowie Hochschulen und außerschulischen Lernorten, wie Coding-Organisationen erreicht werden. Um die Attraktivität und Relevanz der IT-Bildung für Schülerinnen zu erhöhen, ist es essentiell, dass Themen und Aufgaben an die vielfältigen Erfahrungshintergründe und Interessen der Schülerinnen angepasst werden. Solche Maßnahmen können die Teilhabe von Frauen in der Informatik nachhaltig stärken und ihre beruflichen Perspektiven in der digitalen Welt erweitern.

Zum Studium der Informatik

2022 studierten deutschlandweit 18.015 Frauen im ersten Fachsemester im Studienbereich Informatik. 24,9 Prozent aller Studierenden im ersten Fachsemester im Studienbereich Informatik waren demnach Frauen. 4.347 (20,9 Prozent) Frauen erzielten ihren Bachelorabschluss im Studienbereich Informatik und 2.933 (24,1 Prozent) Frauen ihren Masterabschluss (Kompetenzzentrum Datentool-Studium2022). Die prozentualen Anteile in den MINT-Studiengängen bieten eine Gesamtschau auf den Studienbereich, lassen aber keinen Blick auf die Dynamik zwischen den Hochschulen zu. Je nach Zuschnitt des jeweiligen Informatikstudiengangs, beispielsweise seinen interdisziplinären Ansätzen, der Einbindung gesellschaftlicher, kreativer oder naturwissenschaftlicher Anteile, Kooperationen mit Unternehmen und entsprechender Rollenvorbilder, Projektstudienanteilen oder Zielgruppenausrichtung, können vermehrt Frauen für das Studium gewonnen werden.

Die fünf Hochschulen für Angewandte Wissenschaften (HAW) mit dem höchsten Frauenanteil im ersten Fachsemester im Studienbereich Informatik erzielten 2022 einen Durchschnitt von 30,9 Prozent. Die fünf Fachhochschulen mit dem niedrigsten Frauenanteil hingegen 10,3 Prozent.

An den 5 Universitäten dem höchsten Frauenanteil im ersten Fachsemester im Studienbereich Informatik 2022 ergab sich ein Durchschnitt von 34,8 Prozent. Die fünf Universitäten mit dem niedrigsten Frauenanteil erreichen einen Durchschnitt von 11,9 Prozent. In diese Betrachtung wurden nur Hochschulen und Universitäten mit einer Studienanfängerinnenzahl von mehr als einhundert Anfängerinnen einbezogen (Statistisches Bundesamt 2022 und eigene Berechnungen).

Um den Anteil von Frauen in der Informatik zu steigern, bieten diese Zahlen einen möglichen Ansatz. In den Bundesländern können eigene Rankinglisten in den MINT-Studiengängen zu den fehlenden Studierendengruppen an den Hochschulen aufgestellt und Anreize in der Mittelfinanzierung gesetzt werden. Die bereits vorliegenden Studien und Good-Practice-Beispiele können genutzt werden, um Veränderungen in den Studiengangsstrukturen, -inhalten und -methoden anzuregen. Weibliche Rollenvorbilder sind auch für Informatikstudiengänge ein „Muss". Hier gilt es kreativ zu sein und durch Kooperationen mit Unternehmen und Organisationen, Informatikerinnen und Digitalisierungsexpertinnen für Lehrangebote, Projekte und Aufstiegsstellen (zum Beispiel für eine Professur) zu gewinnen.

Förderung von Frauen in Informatikstudiengängen: Handlungsempfehlungen für Hochschulen

Zunächst lohnt es sich zu prüfen, welche spezifischen Angebote und Strukturen Hochschulen bereitstellen, die bereits erfolgreich viele junge Frauen erreichen.

Hochschulen, die hohe Anteile weiblicher Informatikstudierender verzeichnen, zeichnen sich oftmals durch gezielte Informationskampagnen aus, die frühzeitig das Interesse an technischen Fächern wecken. Einige dieser Hochschulen bieten Mentoring-Programme, in denen erfahrene Studentinnen und Fachkräfte als Vorbilder und Beraterinnen fungieren und schaffen somit ein unterstützendes Umfeld. Praxisprojekte und Workshops, die konkrete Anwendungen der Informatik vermitteln und in denen die eigenen Interessen und Kompetenzen überprüft werden können, tragen ebenfalls dazu bei, das Selbstbewusstsein und die Begeisterung von Schülerinnen zu stärken.

Das so genannte „Nerd-Image" in der Informatik kann durch gezielte interne, interdisziplinäre Zusammenarbeit zwischen den Informatikstudiengängen und beispielsweise Sozial-, Kultur- oder Naturwissenschaften wirksam verringert werden. Indem die gesellschafts- oder naturwissenschaftlichen Studiengänge verbindliche Anteile aus den Informatikgrundlagen in ihr Studium integrieren und vice versa, findet in einigen Studiengangsteilen eine neue Mischung von Studierenden statt. Das kann eine größere Attraktivität für Studierende bewirken. Durch das Abdecken breiterer Studieninteressen kann damit auch der Anteil an Studentinnen gesteigert werden.

Um die Verbreitung erfolgreicher Ansätze zu fördern und Hochschulen zur Entwicklung innovativer Programme zu ermutigen, sollten neben den Ländern auch Unternehmensorganisationen und Stiftungen Anreizsysteme schaffen. So können innovative Programme und herausragende Erfolge bei der Gewinnung von weiblichem Nachwuchs im Studienbereich Informatik prämiert werden.

Es ist zudem notwendig, das Thema verstärkt in strategische Diskussionen und Entscheidungsprozesse einzubringen. Die *Hochschulrektorenkonferenz (HRK)* und die *Gesellschaft für Informatik* sollten die Förderung von

Frauen in Informatikstudiengängen regelmäßig auf ihre Agenda setzen. Strategietagungen und Fachtagungen bieten die ideale Plattform, um das Bewusstsein für die Problematik geringer Anteile an spezifischen Zielgruppen zu schärfen, Best-Practice-Beispiele auszutauschen und konkrete Maßnahmen zu entwickeln.

Ein weiterer entscheidender Schritt zur Schaffung von Awareness ist die Initiierung öffentlicher Diskussionspodien. Diese Podien sollten Vertreterinnen und Vertreter der Hochschulpolitik, Unternehmen und Hochschulpräsidien zusammenbringen. Der Austausch auf solchen Plattformen ermöglicht es, unterschiedliche Perspektiven zu integrieren, Herausforderungen offen zu diskutieren und gemeinsame Lösungsansätze zu erarbeiten. Öffentlichkeitswirksame Diskussionsrunden tragen dazu bei, das Thema in den Fokus der Gesellschaft zu rücken und die Bedeutung einer höheren Beteiligung von Frauen in der Informatik zu unterstreichen.

Frauen in IKT-Berufen

„Jede neue Technologie kann Anlass dafür sein, Geschlechterverhältnisse neu zu verhandeln, Machtverhältnisse, Rollenzuschreibungen und Arbeitsteilung zu hinterfragen.“ (MacKenzie, Wajcmann1999).

Künstliche Intelligenz, Robotik, neue Algorithmen und Daten – es ist an der Zeit, Frauen in IT-Ausbildungen, IT-Studiengänge, IT-Unternehmen und IT-Forschung zu bringen und ihnen digitale Kompetenzen als unverzichtbaren Bestandteil ihrer beruflichen Qualifikationen zu vermitteln. Um Motivation für berufliche Karrieren in IT und Digitalisierung für Frauen zu schaffen, müssen sie deutlich zunehmende Unterstützung auf dem Weg in berufliche IT-Karrieren erhalten und mit ihren Leistungen sichtbar werden. Innovationen von Frauen in IT sollten, ergänzend dazu, in den Informatikunterricht an Schulen und in die Lehrveranstaltungen an Hochschulen einbezogen werden. Dabei sollten sie thematisch zu den Inhalten passen und möglichst durch Rollenvorbilder aus der Praxis, zum Beispiel von Unternehmen ergänzt werden. So kann den Geschlechterstereotypen in IT und Digitalisierung in Gesellschaft, Politik und Wirtschaft entgegengewirkt werden. Denn diese wirken sich zunehmend nachteilig auf die Gewinnung breiterer Zielgruppen für Ausbildungen und Berufe aus.

Wo stehen wir?

Von 2016 bis 2021 ist die Zahl der Absolventinnen, die sich beruflich für die IT- und Digitalbranche entschieden haben, um 56 Prozent gestiegen. Gleichwohl ist der Anteil an Frauen unter den IKT-Beschäftigten mit insgesamt 18 Prozent noch zu gering (2022). Im Vergleich dazu haben Frauen über alle Berufe hinweg betrachtet einen Anteil von 46 Prozent (Arbeitsagentur2022).

Die Beschäftigungsstabilität von Frauen in IKT-Berufen ist deutlich niedriger als die von Männern. Dies zeigt sich in einer nahezu doppelt so hohen Fluktuationsrate von 0,461 zu 0,248 (Bitkom2023, Frauen in der Digitalwirtschaft. Ein Praxisleitfaden für Unternehmen). Als Gründe werden unter anderem das Gefühl der Isolation als einzige Frau im Team, eine feindselige Machokultur sowie die Forderung nach ständiger Präsenz und Erreichbarkeit genannt (Edding 2012).

Gründe für eine geringe Teilhabe

Männer profitieren häufig von langjährig bestehenden Netzwerken, über die offene Stellen bekannt gemacht und geteilt werden. Der geringe prozentuale Anteil an Frauen in der IT- und Digitalbranche erschwert Frauen den Zugang zu eben solchen Netzwerken und auch zu Mentorinnen. Mentoring und Netzwerke sind jedoch für Frauen in IT und Digitalisierung essenziell. Sie bieten Ermutigung, unterstützen die Karriereentwicklung, machen Rollenvorbilder sichtbar, fördern Kontakte und stärken die Selbstwahrnehmung.

In einer repräsentativen Befragung, die *Bitkom Research* 2023 im Auftrag des *Digitalverbands Bitkom* durchführte, wurden 503 Unternehmen aus der ITK-Branche unter anderem gefragt, welche Maßnahmen sie aktuell einsetzen, bzw. planen, um Frauenkarrieren im Unternehmen zu fördern. Im Bereich „Vereinbarkeit von Familie und Beruf" waren die drei am häufigsten genannten Maßnahmen: *Mobiles Arbeiten* (90 Prozent), *Familienfreundlichere Arbeitsbedingungen* (59 Prozent) und *Kontakthalteprogramm während der Elternzeit* (43 Prozent). *Führung in Teilzeit* boten nur 28 Prozent der befragten Unternehmen an. Nur 18 Prozent gaben an, die *Pflege- und Erziehungszeiten einzuberechnen* oder künftig einberechnen zu wollen. Im Job würden die Frauen im eigenen Unternehmen am ehesten durch *Weiterbildung* (60 Prozent), *Mentoring* (43 Prozent) und *Aufklärung von Belegschaft und Führungskräften* (31 Prozent) unterstützt.

Als größte Hürden für einen höheren Frauenanteil im eigenen Unternehmen wurden genannt: *Ungenügend qualifizierte Bewerberinnen* (53 Prozent), *Hürden beim Quereinstieg* (42 Prozent) und *Hürden beim Wiedereinstieg* (41 Prozent).

Aus den Ergebnissen der Befragung durch den Bitkom wurden folgende Handlungsempfehlungen für Unternehmen und Politik herausgearbeitet:

Frauen in der IKT-Branche – Handlungsempfehlungen

Unternehmen	Politik
1. **Messbare Ziele** zu Frauenanteil in der Belegschaft und Verweildauer im Unternehmen setzen.	1. Investitionen in die **Betreuungsstruktur tätigen**.
2. **Personelle Zuständigkeit für Gleichstellungsthemen** festlegen.	2. Verpflichtend **Informatikunterricht** für Mädchen einführen.
3. **Stellenausschreibungen** auf Frauen **zuschneiden** und **Quereinstieg ermöglichen.**	3. Für gendersensible **Bildungsinhalte und -materialien** und **klischeefreie Berufsorientierung** sorgen.
4. **Neue Wege bei der Akquise** von Bewerberinnen gehen.	4. **Ausbildungs- und Studiengangcurricula** für Frauen attraktiv gestalten.
5. **Qualifizierungs- und Unterstützungsangebote** für Frauen im eigenen Unternehmen schaffen.	5. **Transfer von Best Practice** Ansätzen und niedrigschwellige IT-Quereinstiege fördern.
6. **Rolemodels** in Unternehmen sichtbar machen.	6. **Digitalpolitik und Frauen** zusammendenken – **Maßnahmen verzahnen**.

Bitkom: Susanne Dehmel/Nadine Schön: Frauen in der IKT-Branche 2023, Berlin 26. April 2023

Frauen in Führung

Eine umfassende Analyse des Unternehmens *Haufe* zeigt, dass der Anteil von Frauen in Führungspositionen, branchenübergreifend in Deutschland bei 28 Prozent liegt, während er in skandinavischen, baltischen und osteuropäischen Ländern bei 40 Prozent angesiedelt ist (Haufe2022). Besonders auffällig ist die Situation in der Digitalbranche, in der 49 Prozent der Unternehmen keine Frau im Top-Management haben (Bitkom2022). Das Verhältnis von Frauen in der Belegschaft zur ersten Führungsebene beträgt 5:1, was auf eine signifikante Unterrepräsentation von Frauen in leitenden Positionen hinweist (Bundesministerium für Familie, Senioren, Frauen und Jugend (BMFSFJ) (2021): Dritter Gleichstellungsbericht. Digitalisierung geschlechtergerecht gestalten). Die Dringlichkeit zu handeln, wird durch die Erkenntnis unterstrichen, dass drei von vier Unternehmen in der Bitkom-Branche glauben, ohne die Beteiligung von Frauen ihre Zukunft zu verspielen (Bitkom2023). Diese Zahlen verdeutlichen die Notwendigkeit einer gezielten Förderung von Frauen in der Digitalbranche und insbesondere ihrer Weiterentwicklung in Führungspositionen, um die Wettbewerbsfähigkeit und Innovationskraft der Unternehmen zu sichern.

Welche Möglichkeiten bestehen für Unternehmen, den weiblichen Nachwuchs für sich zu interessieren? Zahlreiche IT-Unternehmen oder Unternehmen mit einem hohen Bedarf an IT-Fachkräften haben dies zum Anlass genommen, sich mit ihrer Personalrekrutierung, ihren Führungsleitlinien und ihrer Unternehmenskultur auseinanderzusetzen und diese zu verändern. Das Projekt #FrauWirktDigital hat diese Empfehlungen genutzt, um die wichtigsten Maßnahmen zum Berufseinstieg, zur Beruflichen Entwicklung, zu Karrierewegen in Wirtschaft und Wissenschaft und zu Quereinstiegen herauszuarbeiten und zusammenzufassen. Damit stehen unter dem Titel „Mädchen und Frauen in die Informatik: Aktivierungspotenziale und Erfolgsfaktoren – Handlungsempfehlungen Karrierewege von Frauen in IT“ aktuelle Handlungsempfehlungen zur Verfügung, die Unternehmen und Organisationen nutzen können, um das Interesse des weiblichen IT-Nachwuchses zu wecken (fwd2023).

Eine wichtige Ergänzung des Engagements liegt in einer klaren internen und externen Kommunikation der gewählten Mittel und eines ausgewiesenen Invests in Führungskräftetrainings, strukturelle Anpassungen und gezieltes Personalmanagement. Sind die gewählten Maßnahmen nicht stimmig zu der Gesamtstrategie eines Unternehmens, wird dies von Interessentinnen erkannt und führt zu einer „Aussortierung“ im Rahmen der Bewerbungsentscheidung. Darüber hinaus können eine fehlende Passung in der Kinderbetreuung oder der Vereinbarkeit von Beruf und Familie wie auch eine geringe Flexibilität bei den Arbeitszeiten Rahmenbedingungen sein, die Frauen daran hindern, in der Digitalbranche aufzusteigen.

Neue Wege: Quereinstieg und Gründungen

Nach Studien des Digitalverbands *Bitkom* fehlten der deutschen Wirtschaft im Jahr 2022 137.000 IT-Fachkräfte, dabei blieben vakante IT-Stellen im Durchschnitt über 7,1 Monate unbesetzt (Bitkom2023b).

Bei zahlreichen Expertinnen mit Hochschulabschlüssen in unterschiedlichen Studienbereichen ist das Interesse an einem Quereinstieg in die IT- und Digitalbranche deutlich gestiegen. Da inzwischen die IT- und Digitalexpertise in fast allen beruflichen Bereichen benötigt wird, müssen die Interessen der Stellensuchenden und -anbietenden gezielter zusammengeführt werden. Weiterbildungsdatenbanken werden bereits auf der Ebene der Länder (zum Beispiel Hochschulweiterbildung@BW, <www.weiterbildungsberatung.nrw>) oder des Bundes angeboten (<https://mein-now.de/> Nationales Onlineportal für die berufliche Weiterbildung der Bundesagentur für Arbeit). Sie enthalten neben Weiterbildungs- und Beratungsangeboten u.a. auch Fördermöglichkeiten oder hilfreiche Online-Tests zur Einschätzung der eigenen Voraussetzungen.

Karolina Decker (CEO FinMarie), formuliert folgende Handlungsempfehlung an Arbeitgeber und Arbeitgeberinnen: „Personalabteilungen können gezielte Weiterbildungsprogramme anbieten, etwa in Form von Schulungen, Workshops oder Mentoring-Programmen, um Quereinsteigerinnen und Quereinsteiger auf den technischen Bereich vorzubereiten."

Ein wesentlicher Link fehlt jedoch häufig: die Erforschung der persönlichen Bedarfe von Interessentinnen und der Bedarfe und Anpassungsmöglichkeiten der Unternehmen. Beide Seiten mit ihren Interessen und Möglichkeiten zusammenzubringen ist, insbesondere für Quereinsteigende, eine wichtige Voraussetzung. Unternehmen und ihre Personalabteilungen sind häufig noch auf die Einstellung von Personen mit klassischen IT-Kompetenzen ausgerichtet und scheuen die notwendigen Investitionen in Einarbeitung und Weiterbildung. Dies verschärft den dargestellten Fachkräftemangel in erheblichem Umfang. Hier ist neben den technischen Datenbanklösungen zur Weiterbildung eine regional aufgestellte Quereinstiegsberatung erforderlich, die einfach aufzufinden und zu nutzen ist.

Gründungen und Start-Ups

Die Analyse des Frauenanteils in den „gründungsrelevanten Studienfächern", zu denen Wirtschafts- und Ingenieurwissenschaften sowie Informatik zählen, zeigt einen Anteil von 35 Prozent (Female Founders Monitor 2022). Im Durchschnitt der letzten fünf Jahre lag der Anteil von Frauen an den Existenzgründungen insgesamt bei 39 Prozent, was dem langfristigen Durchschnitt entspricht (KfW-Start-up-Report 2022). Trotz dieser stabilen Beteiligung verzeichnete der Gründerinnenanteil bei Start-ups im Jahr 2023 nur einen leichten Anstieg auf 20,7 Prozent. Diese Daten verdeutlichen, dass trotz des wachsenden Interesses von Frauen an gründungsrelevanten Studienfächern und einer stabilen Beteiligung an Existenzgründungen, der spezifische Anteil von Gründerinnen in Start-ups relativ gering ist und nur langsam zunimmt.

Studien, wie die der Wirtschaftsuniversität Wien, belegen, dass auch bei Gründungsinvestorinnen Stereotypieeffekte zum Nachteil von Frauen bestehen (DerStandard2022) (<https://www.derstandard.de/story/2000139709849/studiegeringer-frauenanteil-bei-it-start-ups-ist-hausgemacht>). Insbesondere in der Förderung von Technologie-Start-ups sind geschlechtsspezifische Effekte stark ausgeprägt, da diese oft sehr unsichere Geschäftsmodelle beinhalten. Um das Risiko zu minimieren, neigen Investorinnen und Investoren dazu, Gründungsteams zu bevorzugen, die dem gängigen Prototyp entsprechen, der häufig als „jung, technikaffin, weiß und männlich" beschrieben wird. Eine vielversprechende Möglichkeit, diesen Stereotypieeffekten entgegenzuwirken, besteht darin, Trainings zur Vermeidung von Klischees und Vorurteilen in die Programme der Start-up-Förderung zu integrieren.

Fazit

Die Analyse der Studien zur Situation von Frauen in IT- und Digitalisierung zeigt zahlreiche Handlungsmöglichkeiten, die bereits im Engagement des Bundes, einiger Bundesländer, zahlreicher Unternehmen und Organisationen sowie der hoch engagierten Frauen-Technik-Netzwerke zu finden sind. Während die Skalierbarkeit und Nachhaltigkeit innovativer und erfolgversprechender Ansätze in Forschung und Innovation eine der wichtigen Vorgaben ist, finden sich diese Elemente in zu geringem Umfang in der öffentlichen Förderung von nachgewiesen erfolgreichen Projekten zur Steigerung der Anzahl an Frauen in IT- und Digitalisierung wieder.

Der private Sektor der Unternehmen engagiert sich zu häufig noch in zu geringem Umfang, oft zeitlich befristet und vorrangig im eigenen Umfeld bzw. an den eigenen Standorten. Das Engagement und ihre Erfolge sind zu wenig bekannt und erreichen die Zielgruppe Frauen in zu geringem Maße. Es fehlt an „Think-Tanks", die politisches Engagement mit dem Unternehmensengagement und breit angelegten zivilgesellschaftlichen Netzwerken zusammenführen und die Erfolge des Engagements messen.

Das hohe finanzielle Investment in digitale Technik wie die KI-Technologien muss zukünftig konsequent mit der anteiligen finanziellen Förderung von Chancengleichheit für Frauen und weiteren gesellschaftlichen Zielen einhergehen. Bund, Länder, Unternehmen und Organisationen müssen dies konkretisieren und belegen, so dass eine ausschließlich technologische Förderung zukünftig ausgeschlossen sein wird. Hierzu ist ein politischer Strategiefahrplan erforderlich, der die Ziele und Umsetzungsschritte konkretisiert und wissenschaftlich begleitet.

Referenzen

Arbeitsagentur2022	<https://statistik.arbeitsagentur.de/DE/Statischer-Content/Statistiken/Themen-im-Fokus/Berufe/Generische-Publikationen/AM-kompakt-IKT.pdf?__blob=publicationFile>
Bitkom2022	Bitkom (2022): Deutschlands IT-Unternehmen wollen Frauenanteil erhöhen <https://www.bitkom.org/Presse/Presseinformation/IT-Unternehmen-wollen-Frauenanteil-erhoehen>
Bitkom2023	Bitkom (2023): Frauen in der Digitalwirtschaft. Ein Praxisleitfaden für Unternehmen. Frauen in der Digitalwirtschaft (bitkom.org)
Bitkom2023b	<https://www.bitkom.org/Presse/Presseinformation/Deutschland-fehlen-137000-IT-Fachkraefte>
Computerwoche2000	<https://www.computerwoche.de/a/karriereschmiede-for-girls-only,558996>
DerStandard2022	<https://www.derstandard.de/story/2000139709849/studiegeringer-frauenanteil-bei-it-start-ups-ist-hausgemacht>
Digitalindex2023/2024	<https://initiatived21.de/uploads/03_Studien-Publikationen/D21-Digital-Index/2023-24/d21digitalindex_20232024.pdf>, S. 40/41

digitalstrategie2024	<https://digitalstrategie-deutschland.de/teilhabe-gleichstellung-und-digitale-barrierefreiheit/>
Edding2012	Edding, Cornelia (2012): Was wünschen sich Frauen von ihrer Arbeit?
Eickelmann2019	Eickelmann, Birgit (Hrsg.) et al.: Icils 2018 #Deutschland. Computer- und informationsbezogene Kompetenzen von Schülerinnen und Schülern im zweiten internationalen Vergleich und Kompetenzen im Bereich Computational Thinking. Münster 2019. S. 290 ff.
fwd2023	<https://material.kompetenzz.net/fwd/fwd-handlungsempfehlungen-frauen-in-it-berufen.html>
Haufe2022	Haufe (2022): Frauen in Führung. <https://images.aktuell.haufe.com/Web/HaufeLexwareGmbHCoKG/%7B32c879bb-d896-42f6-b821-3da8da6a3209%7D_WP_Frauen_in_Fuehrung.pdf>
Informatik-monitor2023/2024	<https://informatik-monitor.de/2023-24>
Kompetenzzentrum Datentool-Studium2022	<https://www.kompetenzz.de/service/datentool/datentool-studium>
Kompetenzzentrum2022	<https://material.kompetenzz.net/girls-day/multiplikator-innen/girls-day-wirkungsstudie-2022.html>
MacKenzie, Wajcmann1999	Donald MacKenzie und Judy Wajcmann, The Social Shaping of Technology. Open University Press, 1999
shetransformsit2020	<https://www.shetransformsit.org>
Stifterverband2022	<https://www.stifterverband.org/medien/informatik-fuer-alle>

Info zu den Autorinnen und Autoren

Lore Funk ist Diplomsoziologin und wissenschaftliche Referentin im Kompetenzzentrum Technik-Diversity-Chancengleichheit e.V. Ihre Schwerpunktthemen sind Frauen und MINT, Digitalisierung, Diversity und Agilität. Ihr methodisches Profil ist ein forscherisches, mit einer starken Überzeugung, dass ein methodischer Mix aus qualitativen und quantitativen Instrumenten die besten Ergebnisse hervorbringt.

Fritz Hasselhorn (fritz.hasselhorn@gi.de), 2006 bis 2022 Fachobmann Informatik am Gymnasium Sulingen, Schwerpunkte: Monoedukation im Informatikunterricht, blockbasierte Programmiersprachen (Snap!), Sprecher der Fachgruppe „Informatische Bildung in Niedersachsen und Bremen“ der Gesellschaft für Informatik.

Kristina Lampe ist Maschinenbauingenieurin und stellvertretende Studiengangsleiterin des Frauenstudiengangs Maschinenbau an der Hochschule Ruhr West. In dieser Rolle ist sie maßgeblich an der (Weiter-)Entwicklung, Organisation und Lehre beteiligt, ebenso wie an Marketing und Netzwerkaufbau des Studiengangs. Sie möchte technisch und naturwissenschaftlich interessierte Frauen ermutigen, ein Ingenieurstudium aufzunehmen. Ihr Engagement zielt darauf ab, Frauen in technischen Berufen zu stärken und ihnen den Weg in die Ingenieurwissenschaften zu ebnen.

Philipp Last ist seit 2020 Professor an der Hochschule Bremen und lehrt im Internationalen Frauenstudiengang Informatik. Er vertritt das Fachgebiet Sichere Softwareentwicklung. Außerdem ist er in der Bremer Forschungsgruppe _Rechnernetze und Informationssicherheit_ aktiv (<https://fri.hs-bremen.de>). Philipp Last ist Ansprechpartner für die dualen und internationalen Kooperationen des Studiengangs.

Er ist Mitglied des Akademischen Senats der Hochschule Bremen und Vorsitzender des Hochschullehrerbundes hlb in Bremen und Bremerhaven (<https://www.hlb-bremen.de/>).

Sara Nill ist Informatik-Studentin im Frauenstudiengang „Informatik und Wirtschaft" an der HTW Berlin. Sie ist einer der zwei Köpfe hinter dem Podcast „Female TechTalk" (<https://www.female-techtalk.com/>). Ziel des Podcasts ist es, andere Frauen in die spannende Welt der Informatik einzuladen.

Lars Prädel, Informatikprofessor, lehrt seit 2014 im Internationalen Frauenstudiengang Informatik und hat im Jahr 2024 die Studiengangsleitung übernommen. Daneben arbeitet er als Leiter des Jungen Informatiklabors der Fakultät daran, ausgehend von Alltagsbeispielen der Digitalen Transformation die Methoden, Denkweisen und Algorithmen der IT sowie geeignete Hardware für (potentiell) Studieninteressierte praxisnah greifbar zu machen.

Denise Sarholz ist als Marketingkoordinatorin für den Frauenstudiengang Maschinenbau tätig. Zu ihren Aufgaben zählen die weitere Bekanntmachung des Frauenstudiengangs sowie das Vorantreiben des Netzwerkausbaus. Sie hat einen Magister-Abschluss in Kommunikationswissenschaft und Philosophie und vor ihrer Arbeit für den Frauenstudiengang einige Jahre im Kino- und Kulturmarketing gearbeitet.

Gerlinde Schreiber (gerlinde.schreiber@hs-bremen.de), nach Informatikstudium in Kiel, Promotion in Oldenburg und mehrjähriger Industrieerfahrung bei Siemens Erlangen ab dem Jahr 2000 an der Hochschule Bremen im IFI-Studiengang, 2011–2024 IFI-Studiengangsleiterin, Gründung der dualen Studienoption.

Minerva Informatics Equality Award 2024 der informatics europe für die erfolgreiche Arbeit des IFI-Studiengangs für die nachhaltige Gewinnung von Frauen für die IT (<https://www.informatics-europe.org/society/minerva-informatics-equality-award/2024.html>).

Barbara Schwarze ist Professorin, Vorsitzende des Kompetenzzentrums Technik-Diversity-Chancengleichheit, engagiert zu den Themen Digitalisierung, Gender und Diversity. Mitglied des Präsidiums der Initiative D21, des Hochschulrats der TH OWL, Mitglied des Beirats von #SheTransformsIT, von FEMWORX und des Forschungsclusters OTC in Rostock. Mitglied der GI e.V., des VDI e.V., des VDE e.V. und von ver.di.

Kristina Seifert ist Dipl.-Betriebswirtin (FH) und Studienberaterin an der Hochschule Bremen. Sie koordiniert das Programm Schule@HSB in der Zentralen Studienberatung der HSB.

Juliane Siegeris ist Professorin und Sprecherin des Studiengangs „Informatik und Wirtschaft“ an der HTW Berlin mit dem Fachgebiet Softwaretechnik. Sie forscht im Bereich partizipativer Softwareentwicklung. Dabei nimmt sie nicht nur Gestaltung und Evaluation der Systeme, sondern auch den Entwicklungsprozess und eine möglichst breite gesellschaftliche Teilhabe daran, in den Blick.